경매·공매
디테일로 승부하라!

경매·공매

토통령 손정욱 지음

디테일로
승부하라!

두드림미디어

나를 포함해 지금 이 책을 보고 있는 사람이라면, 직장인이거나 자영업을 하는 중산층일 것이라고 생각한다. 아니면 은퇴를 앞두거나 이미 했을지도 모르겠다. 어떤 일을 하건 간에 중산층, 그러니까 크고 작은 돈 걱정이 있고, 내 집에 대한 갈망 혹은 자부심과 함께, 앞으로 더 나은 삶을 살기를 바라는 대한민국의 보통 사람일 것이다. 머리가 아주 좋거나 기발한 아이디어가 있어 혁신적인 기술을 개발할 수 있는 사람이거나, 사업 수단이 좋은 사람이라면 이미 큰돈을 벌고 있을 것이고, 솔직하게 말해서 그런 사람들은 이 책을 보지 않을 것이다. 그들은 시작부터 남다르다. 반대로 우리는 그들과 다르다. 그들이 바다의 고래라면, 우리는 그저 이끼나 플랑크톤을 먹으며 사는 보잘것없는 새우에 불과하다.

고래와 새우의 비유는, 이제는 다소 진부하게 여겨지는 표현인 금수저, 흙수저로 바꿀 수 있겠다. 쉽게 말해 태생부터 다르게 시작한다는 말인데, 그것은 어찌할 수 없다. 내가 원한 것도 아니고 선택한 것도 아닌데 그냥 랜덤으로, 어쩌다 보니 이 시대에, 대한민국에, 그리고 지금의 부모에게서 태어났을 뿐이다. 이 사실은 아무리 애를 써도 바꿀 수 없기에, 이 문제를 가지고 왈가왈부하는 것은 쓸데없는 짓이다. 대신 그 이후의 삶은 철저하게 선택에 달려 있다고 생각한다. '새우로 태어났으니까 계속해서 고만고만한 새우로 살던지, 아니면 새우로 태어났지만 조금이라도 몸집을 불려볼 것인지' 하는 문제는 단연코 자신의 의지와 노력에 달려 있다. 그리고 나는 후자를 선택했다(드라마 〈재벌집 막내아들〉에서 진양철 회장이 손자 도준에게 퀴즈를 냈다. "새우가 어부지리로 고래를 이길 방도는 없겠나?" 영특한 도준은 이렇게 말한다. "새우 몸집을 키우는 거죠"라고).

동서를 막론하고 부자 중 부동산 투자를 하지 않은 이가 없다. 처음에는 사업으로 돈을 벌지만 큰돈을 굴리는 데에 부동산만 한 것이 없다. 하다못해 맥도날드나 스타벅스 같은 기업도 부동산에 투자하지 않는가. 부자가 되려면 부자의 방식을 따라야 하듯 우리도 그들의 방식을 따라 하면 된다. 노동 수입과 은행 이자만으로는 한계가 있다. 부동산 투자로 얼마든지 부의 선순환을 일으킬 수 있고, 그렇게 계속 몸집을 불려나가다 보면 새우가 고래가 되지는 않겠지만 그래도 새우 중에서는 꽤 큰 새우가 될 수 있을 것이다(그래봤자 새우 아니냐고 하기 전에 우선 큰 새우라도 한번 되어보자는 말이다).

많은 사람들이 토지를 어려워한다. 하지만 몰라서 그렇지, 알고 보면 아파트 투자나 주식보다 더 쉽다. 처음부터 한꺼번에 다 소화하려고 하지 말고 차근차근 조금씩 알아가면 된다. 머리 아픈 공부라고 생각하지 말고, 퍼즐 놀이라고 생각하면 쉽다. 1000피스 짜리 퍼즐이 흩어져 있으면 처음에는 엄두가 나지 않지만, 하나하나 맞춰가다 보면 어느새 퍼즐을 다 맞출 수 있지 않은가. 그렇게 한 조각씩 맞춰가면 된다. 참고로 퍼즐을 쉽게 맞추는 방법은 전체 그림을 수시로 보되 가이드라인이 될 모서리부터 맞춰가는 것이다. 토지 투자에 있어 이 책이 그런 역할을 해 줄 것이다.

1권 《토통령의 답이 정해져 있는 땅 투자》와 마찬가지로, 이 책은 바로 사서 바로 팔 수 있는, 살 사람이 딱 정해져 있는 땅이라는 주제로 경·공매 토지에 입찰할 때 어떤 토지를 낙찰받아 어떻게 활용해야 하는지, 인접 토지 소유주와 어떻게 협상하는지 등의 실전 노하우를 담았다. 그뿐만 아니라 감정평가사도 어려워하는 보상 투자와 하천 및 임야 투자의 사례도 소개해 다양한 투자법을 접할 수 있을 것이다. 또한 물건 분석부터 낙찰, 매도 과정 및 주의 사항까지 상세하게 설명해 '얼마로 얼마 벌었다'라는 단순한 성공 투자 사례집이 되지 않도록 주의했다. 그로 인해 다소 내용이 어렵거나 길 수도 있어 미리 양해를 구한다는 말씀을 드린다. 다만 '악마는 디테일에 있다'라는 말이 있듯 디테일하게 파고들수록 남들이 미처 발견하지 못한 것까지 찾아낼 수 있다고 장담한다.

　직접 토지 투자를 해보면 생각보다 일이 쉽게 풀리거나 매매가 잘 성사되어 성취감을 느낄 때도 있는 반면에, 비슷한 사례라도 경기와 정책, 사람에 따라 예기치 않은 흐름을 맞기도 한다. 그럴 때일수록 포기하지 말고 소액으로 경험을 충분히 쌓으면서 심기일전해야 한다. 한 건 한 건에 일희일비하지 말고 이 책을 가이드라인 삼아 충분히 숙지한다면, 어지럽기만 하던 퍼즐 조각을 완성하고 좋은 결과를 맞이할 수 있을 것이다.

토통령 손정욱

PART

01

부자가
되려면

당신이 돈이 아주 많은 부자라면 '투자'를 모르고 살아도 무방하다고 생각할 것이다. 과연 그럴까? 내가 아는 바에 의하면 부자일수록 더 투자에 열정적이다. 보통의 사람들이 로또복권에 당첨되어 하루빨리 은퇴하고 여생을 여행이나 다니며 즐기고 싶다고 말하는 것과 달리 부자들은 기력이 다할 때까지 부를 모으고 불리고 싶어 한다. 죽을 때까지 다 쓰지도 못할 만큼 많은 재산이 있음에도 불구하고 그들은 왜 그렇게 돈에 열광하는 것일까?

돈이 전부는 아니다. 돈으로 행복을 살 수 없다. 그러나 살면서 겪게 되는 대부분의 문제는 돈 때문에 생기고, 생각보다 돈으로 해결할 수 있는 부분이 꽤 많다. 돈으로 행복을 살 수는 없지만 돈이 있으면 불필요한 일을 하지 않을 수 있고, 불편한 부분을 해소함으로써 안락한 삶을 영위할 수 있다. 불과 5년 전, 월급쟁이 시절의 나는 물건을 사러 가면 가격표부터 먼저 확인했다. 어느 날엔가 상설 할인 매장에서 두 벌에 5만 원짜리 청바지를 구매했는데, 집에 돌아와 보니 바지의 시접이 맞지 않았다. 한정된 월급에 돈 들어갈 곳은 많아 싼 것 위주로 사다 보니 어쩔 수 없었다. 아직도 나는 내게 필요한 물건을 살 때는 가격을 확인한다. 그러나 가족들이 쇼핑할 때는 다르다. 마음에는 들어 하지만 가격때문에 망설인다 싶으면, 고민하지 않게 바로 계산해버린다. 과소비나사치가 아니라 필요한 부분에서만큼은 최소한 가격 때문에 고민하는일이 없을 정도의 능력은 됐다. 물론 나는 아직 어마어마한 부자는 아니다. 하지만 돈이 없어 대학교를 졸업하는 조카에게 용돈조차 챙겨주지 못하던 때도 있었기에 돈의 위력을 절실히 느끼고 있다. 돈은 가기 싫은 회사를 억지로 가지 않아도 되고, 언제 어디서든 내가 원할 때 일할 수 있는 자유를 줬다. 이렇듯 돈은 행복해질 수 있는 즐거움의 요소를 살 수 있고, 시공간으로부터의 자유를 선사해줬다. 내가 이런데 부자는 얼마나 더하겠는가. 그들은 돈으로 인한 기쁨과 자유에 더해 사람들에게 영향력을 더 많이 끼치기 위해 그렇게도 많은 돈을 벌려고 하는 것이다. 그러니 대단한 부자까지는 아닐지라도 일단 돈을 벌자.

돈을 벌기 위해서는, 부자가 되기 위해서는 돈의 원리를 알아야 한다. 이제 노동으로만 돈을 버는 시대는 지났다. 부자는 돈을 벌고, 돈을 지키고, 돈을 굴리는 방법으로 부를 축적했다. 우리도 이를 따라야 한다. 보통의 사람들은 투자금이 한정되어 있기 때문에 최대한 효율적으로 자금을 굴려야 한다. 특히 종잣돈이 적을수록 단기간에 수익금을 회수하고, 다시 그 돈을 재투자해 돈의 회전율을 높여야 하는데, 이를 스노우볼 효과(Snowball effect)라고 한다. 돈은 굴리면 굴릴수록 커지기 때문이다.

소액 토지로
예·적금 하자

2020년, 코로나 창궐로 전 세계가 셧다운되면서 경기가 침체됐다. 부양책으로 금리인하와 더불어 정부에서 돈줄을 풀어대자, 시중에 흘러넘친 돈은 부동산 시장을 강타했다. 지금 안 사면 바보라는 식으로 젊은 세대들이 영혼까지 끌어모아(이른바 '영끌') 투자에 나섰다. 알다시피 돈 잔치는 길지 못했다. 2022년이 되어 인플레이션을 우려한 미국의 연방준비제도이사회가 기준금리를 사상 최대로 끌어올리기 시작하자 상황은 역전됐다.

영끌로 매수한 아파트는 이자를 갚지 못해 경매 시장에 매물로 쏟아져 나왔고, 아파트 시장은 대세 하락기를 맞아 거래가 말라버렸다. 투자에 데인 것일까? 은행이 특판으로 연이율 6%의 높은 예금 상품을 내놓자, 사람들은 가입하기 위해 새벽부터 오픈런을 불사했고, 은행 서버가 마비되는 진풍경이 벌어졌다.

자산을 증식하는 데 있어 이자 소득은 속도가 아주 느린 거북이와 다름없다. 토끼와 거북이의 경주를 떠올려보면 묵묵히 걸어가는 거북이가 정답인 것 같지만, 그건 IMF 이전 부모님 세대 때나 가능한 일이고 지금은 이자 소득으로 돈을 불리기에는 턱없이 부족하다. 물가 상승률이 이자 소득률보다 훨씬 더 빠르기 때문이다. 새벽밥 먹고 줄을 서서 1,000만 원을 예금해봐야 1년 후에 60만 원이 불어나 있을 뿐이다. 그나마도 소득세와 주민세(15.4%)까지 떼고 나면 실수령액은 더 줄어든다.

여기서 부자와 아닌 사람의 차이가 드러난다. 연이율 6%짜리 은행예금에 돈을 넣을지, 아니면 투자로 연 50~100% 혹은 그 이상의 수익을 올릴지 선택해야 한다. 부자들은 대다수가 부동산 투자로 돈을 불렸다.

흔히들 부동산 투자라고 하면 자본금이 많아야 한다고 생각한다. 시작하기 전에는 나 역시 그랬다. 부동산 중에서도 특히 토지 투자는 최소 1억 원 이상의 여윳돈이 있는 사람이어야 한다고 생각했다. 하지만 막상 발을 들여보니 그렇지 않았다. 경·공매 시장에는 1,000만 원 정도의 적다면 적은 돈으로도 투자할 수 있는 물건이 즐비하다. 영끌이 아니라 현명한 방법으로 레버리지를 잘 활용하면 소액으로도 충분히 괜찮은 물건에 투자할 수 있고, 단기에 수익금을 회수할 수도 있다. 물론 경·공매라고 모두 그런 것이 아니고, 어떤 토지에 투자해야 성과를 낼 수 있는지 알아볼 수 있는 안목이 있어야 한다.

다년간 투자하면서 많은 시행착오를 거쳤고, 그 과정을 통해 나만의 노하우가 쌓였다. 소액으로 전국 방방곡곡의 땅에 투자한 실전 사례를 아낌없이 방출할 작정이니 모쪼록 이를 잘 소화해 자신만의 투자 방식으로 승화시켰으면 좋겠다. 그러다 보면 은행의 6%대 이자보다 훨씬 더 많은 수익을 그보다 훨씬 더 단기간에 얻을 수 있을 것이고, 회수한 수익으로 재투자를 반복하다 보면 원하는 부에 조금 더 가까워질 수 있을 것이다. 부디 '나는 돈이 없어서 안 돼'가 아니라 돈이 없어도 가능한 상황을 계속해서 만들어가기를 바란다.

경·공매라는
비즈니스의 세계

이 세계는 1등만 존재한다. 다소 냉정한 표현을 하긴 했지만 '1등만 기억하는 더러운 세상' 같은 비정한 이야기를 하려는 것이 아니라 경·공매의 룰이 그렇다. 최고가 매수자가 낙찰받으면 다른 사람에게 돌아 갈 몫은 없다. 아무리 내가 점쳐놓은 물건이라도 다른 사람이 더 높게 받아 가면 그만이다. 그렇다고 실망하거나 무리해서 입찰가를 높게 적을 필요는 없다. 경·공매의 세계는 올림픽처럼 4년에 한 번 경기가 열리는 것이 아니라, 수시로 경기를 치를 수 있어 누구에게나 언제든 기회가 주어지는 공정한 곳이기 때문이다. 통계에 의하면 부동산 대세 하락기를 맞은 2024년 한 해에 등록된 경·공매 물건만 20만 건이 넘는다고 한다. 이 말은 우리에게도 충분한 기회가 있음을 의미한다. 준비만 되어 있다면 돈을 벌 기회는 차고 넘친다.

다만 모든 투자가 그렇듯 요행을 바라서는 안 된다. 투자에서 성과를 내려면 남다른 열정과 투자 지식을 갖춰야 한다. 투자는 진입 장벽이 낮아 돈만 있으면 일단 시작할 수 있다. 이 때문에 쉽게 덤벼들었다가 낭패를 보는 경우가 많다. 특히 토지는 투자법이 워낙 다양해서 제대로 공부하지 않으면 투자금을 몽땅 날리기도 한다. 잘 알아보지도 않고 덜컥 낙찰을 받았다가 보증금을 날리는 이도 봤고, 쓸모없는 땅을 낙찰받은 후에야 나에게 연락해 처분 방법을 문의하는 이도 한둘이 아니다. 또 자신의 성격에 맞지 않는 땅을 낙찰받아 고민하는 사람도 있다. 지분 토지를 낙찰받았는데 현장에 가보니 인상이 험악한 사람이 있다고 제대로 말도 못 붙이는 사람이나, 겨우 용기를 내어 공유자에게 연락했는데 '법대로 하라'라는 말 한마디에 주눅이 드는 사람도 있다. 이런 사람들은 협상용 토지에 맞지 않는다. 이해관계인이 있는 토지(지분, 법정지상권, 분묘기지권, 유치권)는 잦은 접촉을 통한 협상을 시도해야 하는데, 언쟁 자체를 견디지 못하는 사람은 협상은커녕 혼자 속만 끙끙 앓다가 땅을 방치하고 만다. 해결하고야 말겠다는 근성과 열정 없이, 자연스럽게 수익이 나길 바란다면 협상용 토지가 아닌 다른 투자로 눈을 돌리는 것이 옳다. 부동산 하락기에 땅을 사서 시세차익을 노리는 매매법도 있고, 중앙정부나 지자체에서 매수하는 토지(농지연금, 산지연금, 수변구역, 국립공원), 공익사업에 의한 보상 투자나 미보상용지 투자 등 투자 방법은 다양하다. 이 책에서 제시하는 여러 사례를 공부하다 보면, 다양한 간접경험이 쌓여 차차 범위를 늘려갈 수 있을 것이다.

사는 것은 쉽고
파는 것은 어렵다

경·공매로 토지를 낙찰받는 것은 별다른 기술이 필요 없는 매우 쉬운 일이다. 입찰 금액만 높게 적으면 낙찰된다. 그러나 물건에 대한 분석과 조사를 수반하지 않고, 가격만 높게 적어서는 수익을 기대할 수가 없다. 우리가 투자하는 이유는 수익을 내기 위함이지 보유를 목적으로 하지는 않는다. 토지의 쓰임새, 용도지역, 접도 유무 등을 모르고 입찰에 나섰다가는 큰 손실을 보게 된다. 심지어 기획 부동산 회사의 말만 믿고 주변 시세보다 훨씬 더 비싸게 땅을 사는 경우도 있다. 이렇게 사들인 토지는 좀처럼 팔리지 않아 큰 어려움을 겪는다. 어쩌면 평생을 보유해야 할지도 모른다. 반드시 입찰하기 전에 손품과 발품을 많이 팔아야 한다. 아는 만큼 보이고, 보이는 만큼 수익을 낼 수 있다. 처음부터 가치 있는 토지 또는 이해관계인에게 꼭 필요한 토지를 매수한다면, 파는 것도 수월하게 팔 수 있다.

부동산 투자는 수학 공식처럼 답이 딱 정해져 있지 않아 어렵게 느껴진다. 협상 투자는 사람과의 관계에 의해 많이 좌우되는데, 이해관계인의 성향에 따라 쉽게 해결되거나 일이 꼬일 수도 있다. 다만 상대방에게 꼭 필요한 토지라면, 칼자루를 쥐고 있는 격이므로 급할 필요가 없다. 시간이 다소 걸리더라도 이쪽에서 여유를 갖고 있으면, 상대방은 합의하지 않을 리가 없다. 한편, 예상 수익금액을 정해놓았더라도 도무지 원하는 금액에 협상이 타결되지 않을 때도 있다. 이럴 때는 바로 수익률을 낮춰 빠져나올 줄도 알아야 한다. 조금 더 받으려고 고집부리다가 시간만 더 걸리거나 자칫 손해를 불러올 수도 있기 때문이다. 나도 수익률을 높이려고 공유자와 경매까지 간 적이 있는데, 대세 하락기에 경매가 진행되어 오히려 매수 금액 대비 손실이 나버렸다. 불과 몇백만 원을 더 받으려다 돈과 시간 모두를 잃은 셈이다. 내가 여러 사람과 협상해 본 결과, 어려운 상대를 만났거나 사정상 빨리 해결하고 싶을 때는 낙찰받은 금액에다 한 달 월급 정도(300~500만 원)만 더해서 제시하면 계약에 이르는 경우가 많았다. 사실 합의라는 것이 다 금액 문제인데, 이해관계인에게 과도하게 많은 금액을 내세워 이득을 보려 하지 않아야 한다. 적당한 금액으로 서로 원만하게 합의함으로써 경험을 쌓고 회전율을 높이면서 차곡차곡 수익을 만들어가면 된다.

협상은 경·공매 초기 입문자들이 겪어야 할 숙명 같은 일이다. 이해관계인들로부터 비난과 욕설을 듣더라도 태연하게 대처할 수 있어야 하고, 때에 따라서는 강한 어조로 설득하는 대담성도 갖춰야 한다. 무엇보다 여유 있는 태도가 가장 중요하며, 최종 마무리는 서로 득을 봤다는 느낌이 들도록 해야 한다. 사람 간의 일인지라 어느 한쪽이 치우치게 정리되면, 당장 수익은 더 생길지 몰라도 결국 안 좋은 영향이 생기기 마련이다. 협상 자리에서 서로 기분 좋게 끝맺음이 되어야 이 일도 즐겁게 오래 할 수 있다.

당신이 소액으로
경험을 쌓아야 하는 이유

요즘에는 워낙 정보가 많아 '(경·공매) 투자로 얼마를 벌었다', '며칠 만에 수익을 냈다'라고 하는 성공담을 쉽게 접할 수 있다. 그런 말을 듣다 보면 괜한 자신감이 생기기도 하나 대책 없는 자신감만으로는 성공하기 힘들다. 다른 사람의 수익사례만 보고 막상 실전에 뛰어들어보면 수익은커녕 손해로 스트레스받을 일만 생기는 경우도 많다. 책을 보고 유튜브나 블로그로 공부하더라도 실전을 이길 수는 없으며, 몸으로 직접 경험해야 비로소 나의 온전한 경험치가 된다. 책으로 연애를 배운 사람이 진정한 연애를 할 수 없는 것과 같은 이치다.

실전에서 몇백만 원, 몇천만 원을 투자하는 것은 처음 부동산에 입문하는 사람에게 여간 부담스러운 일이 아닐 수 없다. '혹시 분석이 잘못됐으면 어쩌나?' 하는 마음으로 투자를 소극적으로 대하게 되는데, 이런 현상은 다른 투자에 실패해본 경험이 있는 사람일수록 더하다. 이미 마음에 상처를 입어서 그런 것이다. 실전이 부족하면 협상에 임해도 상대방이 예상과 다르게 나오는 순간 움츠러들어 할 말도 제대로 하지 못하고 끌려가기도 한다. 최악의 경우는 처음부터 잘못된 투자를 하는 것이다. 잘못된 투자는 돈을 잃거나 장기간 돈이 묶여 다음을 기약하기 어렵다. 그나마 돈만 잃으면 다행인데, 마음의 병까지 얻으면 회복이 더 힘들다.

그렇기 때문에 투자는 소액으로 시작해야 한다. 잃어도 금방 털어낼 수 있을 정도의 돈으로 경험을 쌓아야 하는 것이다. 상대방과 협상하거나 보상으로 직접 수익을 실현해 경험치를 올려야 다음 투자로 선순환이 이루어진다. 낙찰로 받은 땅의 결과는 정확히 예상할 수 없기 때문에 공부를 하고, 경험을 쌓아 리스크를 줄여 나가야 한다. 이번 투자에는 실패했더라도 다음번 투자에서는 반복되지 않도록 해야 하는데, 그러려면 한 번의 실패로 전부를 잃을 만큼 투자해서는 안 된다. 성공도 마찬가지다. 운 좋게 수익을 맛봤다면 어떻게, 왜 수익으로 이어진 것인지 연구해야 한다. 운이 아니라 실력이 되려면 다음에 같은 방법으로 투자했을 때도 똑같이 수익을 낼 수 있는지 검증을 해야 하는데, 고액으로 실험하기에는 위험부담이 너무 크다. 투자에 있어서는 오늘의 성공이 내일로 이어진다는 보장이 없다. 한 번의 잘못된 선택으로 전 재산을 잃을 수 있다는 사실을 명심하고 감당이 되는 정도의 자금으로 투자해야 한다. 다시 한번 말하지만, 공부와 경험만이 리스크를 줄일 수 있다.

부동산 투자에는
자격이 필요 없다

　나는 대구의 모 공고를 졸업했다. 공부에는 별 흥미가 없었지만, 손재주가 있었던 나는 기능경기 선수를 제안받았다. 기능실습을 하면서 전기기능사와 승강기보수기능사 그리고 전자기기기능사 자격증까지 총 3개의 자격증을 취득했다. 여차저차한 사정으로 주 종목과 관련한 자격증은 따지 못했지만, 아무튼 3개의 국가자격증이 평생 나의 밥줄이 되어 줄 줄로만 알았다. 고등학교를 졸업하고 대학 생활을 하고 싶었던 나는 지방의 작은 전문대에 입학했고, 그 후 전공과는 아무 상관도 없는 카드회사에 취직했다. 잠시 가게를 운영하다 카드회사에 재입사하기까지, 전공과 관련해 한 일이라고는 고등학교 졸업 전에 실습 나갔던 전자부품 공장(2개월 근무)과 제대 후에 딱 3개월 다닌 무선통신 전자회사뿐이다.

　카드회사에 재입사하면서 다시는 이전의 막막하고 가난한 삶으로 돌아가지 않겠다고 다짐했다. 고용이 불안한 회사였기에 일을 하는 틈틈이 독학으로 부동산과 공인중개사 공부를 병행했다. 처음에는 어려웠지만 꾸준히 하다 보니 부동산 공부와 실력은 차츰 늘어갔다. 하지만 공인중개사 시험공부는 그렇지 않았다. 공부에 드는 돈이라도 줄이려고 무료 인터넷 강의를 들었는데, 유료 전환을 유도하며 중요한 부분은 일부러 알려주지 않기도 했다. 열심히 해도 어려운 시험을 주먹구구식으로 공부했으니 응시하는 족족 번번이 떨어지고 말았다. "공인중개사 자격증 따서 중개업 할 거야?" 이런 나에게 와이프가 물었다. "아니, 그래도 타이틀이라도 하나 가지고 있으면 보기 좋잖아"라고 했더니, 그럴 시간에 토지 공부에 더 올인하라고 조언해줬다. 듣고 보니 맞는 말인 것 같아서 더 이상 공인중개사 시험은 치지 않기로 했다. 이런 일도 있었다. 경·공매에 나오는 물건 중 묵전과 묵답(오랫동안 방치해 임야화가 된 땅)은 포클레인으로 예쁘게 다듬으면 높은 가격에 팔 수 있을 것 같았다. 그래서 포클레인 중장비 책을 한 권 샀다. 간신히 필기시험에는 합격했는데 실기시험은 학원 수강 없이는 불가능해 보였다. 수강비를 알아보니 90만 원이라고 했다. 이를 지켜본 와이프가 또 말했다. "허리며 목이며 안 아픈 관절이 없는 오빠(필자)가 포클레인을 운전하겠어? 그런 땅이 1년에 얼마나 있을까? 그냥 오빠가 잘하는 거, 좋은 땅 발굴해서 투자하는 거 열심히 해. 포클레인은 기사한테 돈 주고 맡기고"라며, 학원 등록할 돈 90만 원으로 소액 땅을 하나 더 사라고 말했다. 그 말을 듣고 정말 내가 잘할 수 있는, 돈 되는 땅 발굴에만 전념하기로 했다.

어떤가. 고등학교에서 어렵게 딴 기능사 자격증은 전자회사 이력서용으로 사용한 것이 전부다. 자격증이 있으면 오히려 그 자격증에 사람이 매몰되어 버린다. 요즘에는 '1인 브랜딩'이랍시고 이런저런 경력이나 자격 사항을 내세우는데 자세히 살펴보면 별 대수롭지 않은 것들도 꽤 있다. 정말 실속 있으려면 내실이 꽉 차야 하는데 그런 것들은 오히려 글줄에 드러나지 않는 경우가 더 많다는 것을 투자를 하며 알게 됐다. 현재는 공인중개사든 중장비든 자격증 하나 없이도 투자 법인을 만들어 시간의 자유와 경제적인 여유를 누리며 행복한 투자를 하고 있다. 그러니 '자격이 없다, 아는 게 없다'라는 말은 하지 말자. 투자는 자격증이 없어도 시작할 수 있고, 자격증이 없어도 얼마든지 나 자신을 업그레이드시킬 수 있는 유일한 방법이다.

늦었다고 생각하지 마라.
당신은 젊다

어느 날 TV에서 아주 재미있는 내용을 봤다. 세계 최고령 DJ인 일본의 스미코 할머니 이야기였다. 원래 그녀는 신주쿠에서 만둣집을 운영하고 있었다. 병으로 남편을 잃고 난 뒤 자신만의 삶을 추구하기 시작한 그녀는 처음에는 영어 공부에 몰두했다. 영어 실력이 늘자, 미국인을 비롯한 외국인과의 교류가 늘었고, 프랑스인 친구의 권유로 클럽 디제잉을 배우게 됐다. 75세에 처음 발을 들인 DJ 교습소에서 공부한 지 2년 만에 중독성 있는 디제잉으로 인기를 얻게 됐다는 이야기다. 현재 그녀의 나이는 85세다.

나이는 숫자에 불과할까? 그럴 수도 있고 아닐 수도 있다. 생각하기에 따라 노화를 가속할 수도, 지연시킬 수도 있다. '나는 안 돼', '나이가 많아서'라는 생각을 하는 순간 뇌는 정말로 그렇게 인식해서 신체 기능이 저하된다. 배움에서도 마찬가지다. 새로운 배움에 열린 마음으로 대할수록 뇌세포는 활성화된다. 나도 나이 마흔이 넘어서 전업 투자자로 전향했다. 투자하기에 너무 늦은 나이란 없다. 투자에는 은퇴가 없지 않은가. 그러니 늦었다고 생각하면서 포기하지 말고 지금부터라도 하나씩 알아가도록 하자.

이 책에 실린 다양한 투자 사례와 방법을 통해 토지 투자에 대해 다방면으로 알 수 있게 될 것이다. 투자 방법은 많이 알면 알수록 좋다. 보상 투자 한 가지만 아는 것보다 보상 투자도 알고, 산림청에 매수청구하는 방법도 알면 자금을 놀리지 않고 두루 회전시킬 수 있다. 많이 알면 알수록 투자 물건을 선택하는 데 제한이 없기 때문에 그야말로 보물찾기하는 기분으로 물건을 검색할 수 있을 것이다. '이 책 한 권으로 토지 전부를 다 알 수 있다. 부자가 될 수 있다'라고 말할 수는 없지만 꾸준히 그리고 반복해서 공부하다 보면 반드시 돈이 되는 땅을 가려낼 수 있는 안목이 생길 것이라고 장담한다.

PART

02

부를 안겨 줄
레버리지

표준국어대사전에 의하면 레버리지(leverage) 효과란 '기업이나 개인 사업자가 차입금 등 타인의 자본을 지렛대처럼 이용해 자기 자본의 이익률을 높이는 일'을 뜻한다.

집을 하나 산다고 가정해보자. 전액 현금으로 매매하면 좋겠지만 일반 서민들이 그러기는 쉽지 않다. 예를 들어 아파트 가격이 4억 원이라면 3억 원은 대출을 받아 산다. 그런데 이 아파트가 2년 만에 가격이 올라 7억 원에 매도했다면, 내 돈 1억 원을 투자해 대출 이자를 제외하고도 꽤 괜찮은 이익이 생긴다. 어떤가? 생각만 해도 기분이 좋지 않은가. 이것이 바로 레버리지 효과다.

이렇듯 사전적 정의로 레버리지는 단순히 차입금, 즉 대출에 국한된 듯하나 실제로는 그렇지 않다. 괜찮은 아이템이나 아이디어가 있어 투자를 받는 경우도 포함되고 인맥, 시간, 노력 등 눈에 보이지 않는 요소를 활용해 이익을 높이는 모든 행위를 레버리지라고 할 수 있다. 쉽게 말해 내 돈(시간, 노력)은 최소한으로 들이고 이익은 최대화하는 '능력'이다. 당연히 위험과 책임도 뒤따른다.

부에 대한 열망이 갈수록 높아지는 요즘 같은 때에는 많은 이들이 투자나 재테크에 관심을 가진다. 코로나 팬데믹 여파로 돈이 풀리자, 시장은 그야말로 들끓었다. 부동산 갭 투자가 성행하고, 주식 시장은 신용이 넘쳐 하루가 다르게 신고가를 갱신했다. 코인은 투자의 신세계였다. 하룻밤 사이에 벼락부자가 생겨났다. 하지만 지금은 어떤가? 금리가 오르자마자 시장은 꽁꽁 얼어붙었다. 무리한 대출로 투자를 감행했던 이들은 높아진 금리를 감당하지 못할 지경에 이르렀다. 이에 따라 영끌 매물이 쏟아져 나왔다. 주식과 코인은 언제 신고가를 찍었냐는 듯 신저가를 갱신하고, 벼락부자가 한순간에 벼락거지로 전락해버렸다.

어쩌면 이 책을 보고 있는 누군가도 이런 가슴 아픈 경험을 했을지 모르겠다. 맹세컨대 비약하려는 의도는 아니다. 나 역시 투자하면서 크고 작은 손실을 경험했기에 어떤 심정인지 누구보다 잘 안다(어쩌면 횟수로만 따지면 여러분보다 더 많을지도 모른다). 그렇기에 더 레버리지에 대해 강조하는 것이기도 하다. 앞서 레버리지는 곧 능력이라고 정의하며, 위험과 책임이 뒤따른다고 했다. 그렇다. 레버리지는 양날의 검과 같다. 잘 쓰면 약이 되지만 잘못 사용하면 독이 된다. 그만큼 신중하게 사용해야 한다.

투자에 실패했던 경험이 있든지 아니면 이제 막 (부동산) 투자의 세계에 발을 들이든 간에 제일 먼저 투자해야 하는 것은 단연코 지식이다. 보통 부동산 투자는 돈이 많아야 한다는 선입견이 있다. 분야에 따라 다르긴 히지만, 꼭 그렇지만은 않다. 경·공매를 통하면 몇백만 원으로도 투자를 할 수 있는 땅이 많이 있다. 이 책에서 배운 것을 적용하기만 해도 수익이 난다. 중요한 점은 아는 만큼 돈이 되는 땅을 잘 선별할 수 있다는 사실이다. 그러니 우선 지식에 투자해야 한다. 그리고 이 책을 지식의 레버리지로 활용하길 바란다. 지식의 레버리지는 그 어느 것보다 막강하다는 점을 잊지 마시길 당부드린다.

실투자금 1,300만 원,
보상금액은 얼마?

자료 2-1. **맹지**

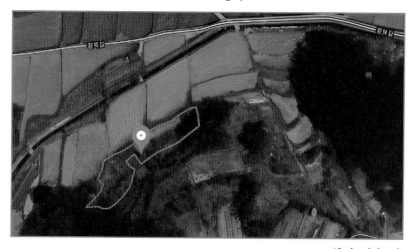

(출처 : 카카오맵)

자료 2-1의 토지는 묵전(원래는 밭이었으나 지금은 농사짓지 않고 버려진, 오래된 땅)이면서 모양이 반듯하지 않은 부정형의 땅인 데다 인접한 길이 없는 맹지다. 맹지는 진입로가 없어 농사짓기도 불편하며 건축을 할 수도 없다. 2023년까지는 이런 땅이라도 저렴하게 낙찰받아 농지연금용으로 사용할 수 있었지만, 2024년에 개정된 농지연금법으로 인해 농기계의

출입이 원활하지 않으면 농지연금 신청에서 배제된다. 그렇다면 자료 2-1의 토지는 쓸모없는 땅이라 낙찰을 받으면 안 되는 것일까?

자료 2-2. **경매 물건 정보**

2020 타경 1901	대구지방법원 경주4계									
담당계 (054)					찜하기	메모	공유	인쇄 사진 인쇄	제보	오류신고

소재지	경북 경주시 구황동 ▣ 도로명 검색					
물건종류	전	사건접수	2020.04.27	경매구분	임의경매	
건물면적	0m²	소유자	박0000000	감정가		121,954,000원
대지권	1967m² (595.02평)	채무자	박0000000	최저가	(34%) 41,831,000원	
매각물건	토지전부	채권자	경000	입찰보증금	(10%) 4,183,100원	

입찰 진행 내용

구분	입찰기일	최저매각가격	상태
1차	2021-04-27	121,954,000	유찰
2차	2021-05-25	85,368,000	유찰
3차	2021-06-22	59,758,000	유찰
4차	2021-07-27	41,831,000	낙찰

낙찰 48,500,000원 (40%)
(응찰 : 2명 / 낙찰자 : 정0000)
매각결정기일 : 2021.08.03 - 매각허가결정
대금지급기한 : 2021.09.14
대금납부 : 2021.08.23 / 배당기일 : 2021.09.30
배당종결 : 2021.09.30

종국결과	2021-09-30	0	배당

물건 사진 사진 더 보기

· **매각 물건 현황** 감정원 금학감정 가격시점 2020.05.08

목록	지번/토지이용계획/용도/구조/면적	감정가	비고
토지 1	구황동 전 1967m² (595.02평) [토지이용계획] 보전녹지지역ㅣ역사문화환경보호지구ㅣ가축사 육제한구역ㅣ보전산지ㅣ공익용산지	121,954,000 62,000 (원/m²)	[매각제외] : 분묘 =분 묘기지권성립여부불 분명

(출처 : 두인경매)

자료 2-2의 경매 토지는 전체 면적 595.02평에 감정가는 1억 2,000만 원이 넘는다. 자료 2-1에서 설명했듯 묵전에 부정형 맹지라 그런지 세 번이나 유찰이 됐다. 나는 네 번째 경매에 지인과 공동으로 입찰해 4,850만 원에 해당 토지를 낙찰받았다. 분명 쓸모없는 땅이라고 했는데 왜 낙찰을 받았을까?

자료 2-2의 매각 물건 정보 아래를 보면 매각 물건 현황에 '역사문화환경보호지구'라고 기재되어 있다. 나는 여기서 힌트를 얻어 '토지이용계획확인원'을 찾아봤다(토지이음을 통한 토지이용계획확인원 이용법은 전작 《토통령의 답이 정해져 있는 땅》에 상세히 나와 있다).

자료 2-3. **토지이용계획확인원**

소재지	경상북도 경주시 구황동 ▓▓▓			
지목	전 ❓		면적	1,967 ㎡
개별공시지가(㎡당)	29,800원 (2024/01) **연도별보기** ◆RE3 한국부동산원 부동산 공시가격 알리미			
지역지구등 지정여부	「국토의 계획 및 이용에 관한 법률」에 따른 지역·지구등	보전녹지지역 , 역사문화환경보호지구(2013-01-24)		
	다른 법령 등에 따른 지역·지구등	가축사육제한구역(2023-06-08)(일부제한(200))<가축분뇨의 관리 및 이용에 관한 법률>, 국가지정문화재구역(낭산)<문화재보호법>		
「토지이용규제 기본법 시행령」 제9조 제4항 각 호에 해당되는 사항				

(출처 : 토지이음)

토지이음을 통해 해당 토지가 '국가지정문화재구역'으로 지정되어 있음을 확인했다. 그 말인즉 문화유산의 보존 및 활용에 관한 법률에 따라 협의 매수가 될 가능성이 있다는 뜻이었다. 나는 이 점을 놓치지 않았다.

문화유산의 보존 및 활용에 관한 법률 제83조(토지의 수용 또는 사용)
① 국가유산청장이나 지방자치단체의 장은 문화유산의 보존·관리를 위하여 필요하면 지정문화유산이나 그 보호구역에 있는 토지, 건물, 나무, 대나무, 그 밖의 공작물을 「공익사업을 위한 토지 등의 취득 및 보상에 관한 법률」에 따라 수용(收用)하거나 사용할 수 있다. 〈개정 2020. 12. 22., 2023. 8. 8., 2024. 2. 13.〉

해당 물건이 농지임을 고려해 농협에서 최대한으로 대출을 받아 레버리지를 일으켰다(낙찰 금액의 80%인 3,880만 원). 2024년 5월 해당 토지에 대한 보상금이 1억 3,400만 원으로 확정됐다. 실투자금 1,300만 원, 30개월간 지급 이자 468만 원으로 이루어낸 성과다.

토지 및 건물등 산정결과 집계표

가격시점 : 2024. 4. 26

연번	사업명	소재지	지번	지목	면적 (㎡)	산정가액			비고 (영업권. 동산 이전비)
						계	토지	건물 및 지장물 등	
1	경주 남산 일원 문화재정비사업	경주시 구황동	***	전	1,967	134,247,750	134,247,750		
	합계					134,247,750	134,247,750		

(출처 : 필자 제공)

이 건을 레버리지를 활용한 보상 투자의 성공적인 사례로 소개했지만, 국가지정문화재구역이라고 해서 무조건 협의 매수하지 않는다는 점에 주의해야 한다. 토지가 공익사업에 포함이 되거나 중요한 문화재가 출토되어야 보상을 받을 수 있다. 투자의 세계에서 '절대'나 '무조건'은 없다. 늘 여러 변수와 케이스가 있음을 염두에 두어야 한다.

땅도 대출도
아는 만큼 보인다

자료 2-4. 매각 물건 정보

2022 타경 10282(3)	**대구지방법원 경주1계**							
담당계 (054) 770-4361			찜하기	메모	공유	인쇄 사진 인쇄	정보	오류신고

소재지	경북 경주시 내남면 이조리 ■■■ 도로명검색				
물건종류	임야	사건접수	2022.01.24	경매구분	임의경매
건물면적	0m²	소유자	설OO	감정가	371,039,000원
대지권	11969m² (3620.62평)	채무자	설OO	최저가	(49%) 181,809,000원
매각물건	토지전부	채권자	이OOOO	입찰보증금	(20%) 36,361,800원

입찰 진행 내용

물건 사진 사진 더보기

구분	입찰기일	최저매각가격	상태
1차	2023-01-03	371,039,000	유찰
2차	2023-02-07	259,727,000	유찰
3차	2023-03-07	181,809,000	낙찰

낙찰 185,000,000원 (50%)
(응찰 : 1명 / 낙찰자 : 조OO)
매각결정기일 : 2023.03.14 - 매각허가결정
대금지급기한 : 2023.04.19 / 미납

| 4차 | 2023-05-30 | 181,809,000 | 낙찰 |

낙찰 185,100,000원 (50%)
(응찰 : 1명 / 낙찰자 : (0000000000)
매각결정기일 : 2023.06.07 - 매각허가결정
대금지급기한 : 2023.07.13
대금납부 : 2023.07.13 / 배당기일 : 2023.08.31
배당종결 : 2023.08.31

| 종국결과 | 2023-08-31 | 0 | 배당 |

(출처 : 두인경매)

자료 2-4의 토지도 앞선 사례와 마찬가지로 국가지정문화재구역에 편입되어 있었다. 4차 경매를 앞두고 이 입찰에 참여할지 말지 고민에 빠져 있었다. 경험상 이번 경매는 유찰이 될 가능성이 매우 높아 보였기 때문이다.

원래 이 물건은 지난 3차 경매에서 다른 사람이 낙찰을 받아 갔었다(자료 2-4의 입찰 진행 내용 중 3차 낙찰자). 나는 해당 건이 거듭 유찰된 후 5회차가 되면 1억 6,000만 원으로 응하기로 사전 시나리오를 짜놓고 기회를 엿보고 있었다. 그런데 지난 경매에서 생각지도 않은 낙찰자가 생겨버렸다. 물건 분석을 철저히 해놓았던 나는 무척이나 아쉬웠지만 예상되는 상황이 있어 포기하지 않고 물건의 진행 상황을 추적 관찰했다. 다행히 낙찰자가 잔금을 납부하지 않아 4차 경매가 진행될 예정이었다.

사전 시나리오를 고수해 수익률을 높이느냐, 아니면 지난번처럼 예기치 못한 변수가 생길 수 있으니 이번 경매에 응찰하느냐를 두고 고민하다가, 수익금 몇 푼 때문에 수익의 기회마서 날려버릴 수 없다는 결론을 냈다. 결국 4차 경매에서 단독으로 낙찰받았다(낙찰가 1억 8,500만 원). 산림조합에서 1억 3,000만 원을 대출받았기에 실제 투자금은 6,000만 원이다. 결론부터 말하자면 해당 토지는 '문화재보호구역 경주 사적지'에 편입되어 보상이 예정되어 있다.

이 토지의 지목은 '임야'이지만(자료 2-4의 물건종류 참조), 국토정보지리원 확인 결과 1960년 이전부터 토지의 일부를 '전'으로 이용해왔기 때문에 이 부분은 '전'으로 평가를 받아야 한다[대법원 선고 2011도 13385 판결

1962. 1. 19 이전(산림법 제정 이전) 농지로 이용해왔다면 농지로 평가해야 하며, 사업시행자가 이를 증명해야 한다].

또 무허가 건물이 존재하는데 자료 2-5의 항공사진을 보면, 촬영일인 1987년 5월 6일 당시에도 해당 건물이 있었음을 확인할 수 있다. 따라서 건물은 1987년 5월 이전에 지어진 것임을 알 수 있다.

자료 2-5. **1987년 항공사진**

1987이전부터 대지이용
1962이전부터 농지이용
(1954년 항공사진은 국토정보지리원 참고바람)

발급번호 : 제 20230526-000131호
『공간정보의 구축 및 관리 등에 관한 법률』 제14조의 규정에 따라 항공사진 사본을 위와 같이 발급하며, 발급원본 소유권은 촬영기관에 있습니다.
2023년 05월 30일 국 토 지 리 정 보 원
• 촬영기관 / 촬영년도 : 국토지리정보원 / 1987년 05월 06일
• 촬영지역 : 경상북도 경주시 내남면 이○○-○○○○

(출처 : 국토정보지리원)

이에 해당 토지는 보상감정평가에서 전체 '임야'가 아니라 일부는 '대지'로도 평가를 받을 수 있다. 1989년 1월 24일 이전에 건축된 무허가 건축물은 '대지'로 평가하기 때문이다[구법(舊法) '공공용지의 취득 및 손실보상에 관한 특례법 시행규칙'의 법 개정(1989. 1. 24)으로 인한 예외 규정]. 즉, 해당 토지는 임

야에 일부 '전', 일부 '대지'로 평가받으면, 보상금액이 경매감정가보다 더 많이 나올 수 있다.

나는 왜 이 물건이 유찰될 것을 예상했을까? 답은 간단하다. 전 낙찰자가 잔금을 납부하지 않았기 때문이다. 그럼 전 낙찰자는 왜 잔금을 납부하지 않고 포기했을까? 예상컨대 토지에 대한 이해도가 떨어지기 때문이다. 문화재보호구역과 보상에 대해 잘 모른 채, 보통의 경매 토지처럼 생각하고 접근했기 때문에 건물 주인과 불필요한 협상을 시도했을 수 있다. 아무튼 전 낙찰자가 잔금을 납부하지 않은 탓에 다른 사람들은 해당 물건에 하자가 있다고 생각할 테고, 따라서 나는 유찰 가능성을 점쳐볼 수 있었다.

이렇듯 아느냐 모르느냐에 따라 결과가 달라진다. 나는 땅을 잘 아는 만큼 자본 레버리지까지 활용해 수익률을 높일 수 있었다. 책에 소개할 사례를 계속해서 연구하면, 누구나 지식의 레버리지를 극대화할 수 있다.

대출(레버리지)에 대한
이야기

농지 담보 대출 시 유의 사항

농지를 담보로 하는 대출은 1금융권을 제외한 2금융권(농협, 수협, 신협, 산림조합, 새마을금고)과 사금융에서만 취급한다. 은행마다 기준이 조금씩 다를 수는 있으나 매각대금(낙찰가)의 최대 80%까지 대출을 시행할 수 있다. 단, 경매감정가 이상으로 낙찰이 된 경우에는 감정가를 기준으로 하되 이때의 대출한도는 감정가의 60% 정도다.

LH 사태의 여파로 농지(전·답·과수원)의 경락잔금 대출 심사가 많이 까다로워졌다. 농협에서는 농지 대출을 받을 경우, 6개월 뒤 농업경영체를 반드시 제출하도록 한다. 농업경영체는 해당 농지에 농사를 짓고 있다는 것을 증빙해 한국농어촌공사로부터 등록확인서를 발급받는 것이다. 이를 제출하지 않으면 농협은 대출금을 일시 청구하므로 반드시 농업경영체 제출에 유의해야 한다. 산림조합의 경우 농업경영체 등록 확인을 요구하지 않는다.

농지 대출을 활용하는 법

1억 5,000만 원의 농지를 7,000만 원에 낙찰받고, 여유자금이 있어

7,000만 원을 현금으로 전액 완납을 했다고 가정해보자. 여기서 만족할 것이 아니라면 다른 물건에 또 투자할 것이다. 그러면 투자금이 또 필요하다. 자, 이제는 기존에 경락받은 농지를 담보로 레버리지(대출)를 일으키되 가계 자금 명목으로 대출을 받는다. 왜냐하면 가계 자금 대출에는 농업경영체가 필요 없기 때문이다. 농협은 농지를 취득할 때만 농업경영체를 요구한다.

대출금액은 어떻게 산정할까? 경락일로부터 6개월~1년이 경과되면 매각대금(낙찰가) 기준이 아닌, 탁상감정을 기준으로 한다(탁상감정은 은행에 위탁된 감정평가사가 평가한다). 탁상감정가의 60%까지 대출이 가능하므로 만약 감정이 1억 5,000만 원이 나왔다면 최고 9,000만 원까지 대출을 실행할 수 있다. 이 9,000만 원으로 다른 물건에, 이른바 '무피 투자(자기자본 없이 하는 투자)'를 해 자금을 선순환시킬 수 있다. 레버리지는 이렇게 자산 증식을 목적으로 활용할 때 제대로 된 효과를 발휘한다. 단, 가계 자금 대출 시에는 개인의 소득으로 상환능력을 판단하므로, 기존에 다른 대출이 많거나 소득이 낮으면 대출이 어려울 수 있으니 사전에 꼭 확인해야 한다. 투자에 '절대'와 '무조건'은 없다.

PART

03

투자에 필요한
자세

토지에 투자하는 가장 보편적인 방법은 시세차익을 노리는 것으로, 땅을 미리 매수해놓고 기다리다가 개발 호재로 지가가 상승하면 차익을 보고 판다. 이런 투자는 보통 중·장기적인 관점으로 접근하는데, 개인이 3년 이상 보유한 토지를 매도하고 양도소득세를 신고할 때는 장기보유특별공제도 받을 수 있어 절세에 유리하다.

한편, 주식 단타까지는 아니지만 토지도 비교적 단기적으로 투자할 수 있다. 소액 단기 투자는 직장인도 쉽게 접근할 수 있고, 목돈 없이도 시작할 수 있다는 장점이 있지만, 자본금이 적은 만큼 단기 투자로 돈을 벌기 위해서는 회전율을 높여야 한다. 투자금을 최대한 빨리 회수해 다른 토지에 재투자해야 하기 때문에 현금흐름을 원활하게 하는 것이 관건이다. 그러기 위해서는 입찰 전부터 출구전략을 꼼꼼하게 세우고, 플랜 B와 플랜 C를 예상해 변수에 대응할 줄 알아야 함은 물론, 담당 주무관청이나 매수자와 협상도 해야 한다. 단기 투자일수록 살 사람이 명확한 땅, '답이 정해져 있는 땅'에 투자해야 하는 이유다.

니즈를
파악하라

자료 3-1. 매각 물건 정보

2018-12718-001		입찰시간 : 2019-04-08 10:00~ 2019-04-10 17:00		조세정리팀 ☎ 1588-5321	
소재지	경상북도 울진군 울진읍 읍내리 □지도 □지도 주소복사 (도로명주소)				
물건용도	토지	감정가	3,040,000 원	재산종류	압류재산(캠코)
세부용도	대지	최저입찰가	(100%) 3,040,000 원	처분방식	매각
물건상태	낙찰	집행기관	한국자산관리공사	담당부서	대구경북지역본부
토지면적	4㎡ (1.21평)	건물면적		배분요구종기	2019-03-25
물건상세	대 4㎡				
위임기관	울진군청	명도책임	매수인	조사일자	0000-00-00
부대조건					

• 입찰 정보(인터넷 입찰)

입찰번호	회/차	대금납부(기한)	입찰시작 일시~입찰마감 일시	개찰일시 / 매각결정일시	최저입찰가
0028	013/001	일시불(30일)	19.04.08 10:00 ~ 19.04.10 17:00	19.04.11 11:00 / 19.04.15 10:00	3,040,000
				낙찰 : 3,520,000원 (115.79%)	
0028	014/001	일시불(30일)	19.04.15 10:00 ~ 19.04.17 17:00	19.04.18 11:00 / 19.04.22 10:00	2,736,000
0028	015/001	일시불(30일)	19.04.22 10:00 ~ 19.04.24 17:00	19.04.25 11:00 / 19.04.29 10:00	2,432,000
0028	016/001	일시불(30일)	19.04.29 10:00 ~ 19.04.30 17:00	19.05.02 11:00 / 19.05.07 10:00	2,128,000
0028	017/001	일시불(30일)	19.05.07 10:00 ~ 19.05.08 17:00	19.05.09 11:00 / 19.05.13 10:00	1,824,000
0028	018/001	일시불(30일)	19.05.13 10:00 ~ 19.05.15 17:00	19.05.16 11:00 / 19.05.20 10:00	1,520,000

(출처 : 옥션원)

2019년 4월, 울진군 읍내리의 땅을 낙찰받았다(자료 3-1). 입찰자는 총 4명, 2등과는 불과 15,000원밖에 차이가 나지 않았다. 낙찰받은 토지는 지목이 대지이긴 하지만 면적이 겨우 1.21평(4㎡)밖에 되지 않는다.

건축도 못 하는 4㎡의 이 '코딱지'만 한 땅을 왜 낙찰받았을까? 이 작은 면적에 무엇을 할 수 있을까? 답은 아주 간단하다. 이해관계자에게 되파는 것이다. 항상 하는 말이지만 반드시 누군가에게 필요하거나 그게 아니라면 최소한 단독으로 건축행위를 할 수 있는 땅을 사야 한다.

자료 3-2. **토지 위치와 주변 현황**

(출처 : 스마트국토정보)

이 토지는 자료 3-2에서 공매 토지(보라색 선)라고 표시해둔 땅이다. 사전 조사 결과 붉은색으로 굵게 표시된 연접한 여러 필지가 한 사람의 토지임을 알 수 있었다. 연접한 토지 소유주는 같은 지역에 물횟집을 운영하는 여사장님이었다.

토지의 용도지역이 상업지이긴 하지만 해당 지역은 지방 소도시로 당장 큰 개발 가능성은 없어 보였다. 담벼락으로 사용되고 있어 굳이 이 땅이 없어도 영업에 지장이 없기 때문에, 횟집 주인 입장에서도 매집한 다른 땅의 시세보다 해당 땅을 비싸게 주고 살 이유가 전혀 없을 듯했다. 따라서 협상 가격에 조정이 필요했다. 당초 300만 원까지 수익금을 예상했으나 횟집 주인도 경상도 말로 워낙 '땐땐'한데다, 괜한 욕심을 부리다 수가 틀어지면 자금만 묶이는 꼴이 되니 적당한 선에서 타협하는 편이 나았다. 몇 차례의 통화 끝에 낙찰된 지 3개월 만에 150만 원의 수익을 남기는 것으로 종결지었다.

사실 원하는 금액대로 협상하려고 들자면 할 수는 있었다. 소송을 진행할 수도 있고, 주인이 땅을 살 수밖에 없는 상황을 연출해서 압박을 넣을 수도 있다. 하지만 매매도, 협상도 다 사람 사이의 일이 아닌가? 서로 이해관계가 얽혀 있어 그러는 것인데 굳이 악하게 굴 필요가 없을 뿐더러, 소액 단기 투자를 하면서 나의 원칙은 자금 회전율을 높이는 것이니 금액을 조금 낮춰서라도 팔 수 있을 때 빨리 털고 나오는 것이 유리하다. 원칙에 초점을 맞추면 항상 더 나은 결성을 내릴 수 있다.

반대로 이 토지가 경기도 화성처럼 인구 유입이 증가하는 지역에 위치한다면 상황은 완전히 달라졌을 것이다. 인구가 지속적으로 유입되고 상권이 발달하는 지역은 비록 한 평짜리 땅이라도 가치가 올라가기 때문이다. 예를 들어 핫한 지역에 멋진 카페를 열었는데, 통유리 너머로 미처 매입하지 못한 땅이 뷰를 망치고 있다면 이를 두고 볼 사람은 없지 않을까? 그럴 때는 좀 더 배짱을 부려볼 만하다. 땅은 크기나 용도보다 누구에게 얼마나 필요한지가 더 중요하다.

지피지기
백전불태

　'국토의 계획 및 이용에 관한 법률'에 의한 용도지역 중 도시지역의 비율을 보면 녹지지역이 71.1%로 대부분을 차지하며, 주거지역 15.2%, 공업지역은 6.9%밖에 되지 않는다.

자료 3-3. **도시지역의 비율**

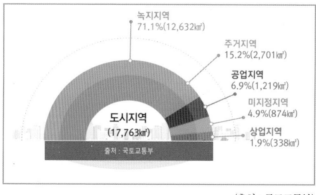

녹지지역
71.1%(12,632㎢)

주거지역
15.2%(2,701㎢)

공업지역
6.9%(1,219㎢)

미지정지역
4.9%(874㎢)

상업지역
1.9%(338㎢)

도시지역
(17,763㎢)

출처 : 국토교통부

(출처 : 국토교통부)

　특히 상업지역 비율은 주거·공업지역보다도 훨씬 더 적은 1.9%에 불과한데, 좁은 면적에 비해 오피스텔, 음식점, 유흥주점, 카페, 빌딩 등과 같은 고층 건물을 지을 수 있어 많은 사람들이 선호한다. 그런 까닭에

경·공매 물건으로 상업·공업·주거지역이 나오면, 사람들이 앞뒤 가리지 않고 입찰에 응하는 경우가 왕왕 있다. 하지만 아무리 상업·공업·주거지역이라도 인구가 감소해 소멸 위기에 있는 지방 소도시는 주의를 요해야 한다. 다음 사례를 살펴보자.

자료 3-4. **매각 물건 정보**

(출처 : 옥션원)

사료 3-4의 토지는 앞서 소개한 사례와 같이 상업지역인 데다 68.063평이나 되는 넓은 면적에도 불구하고 감정가의 50%까지 유찰되어서야 낙찰됐다. 관심 물건으로 등록해놓고 살펴보던 중 다른 사람이 먼저 낙찰받은 건인데, 나는 해당 토지를 이 가격에 낙찰받은 것은 크게 잘못됐다고 생각한다. 상업지역이라도 개발 가능성이 작고 도시 발전이 없는 시골 소재지라면 체크해야 할 요소들이 있기 때문이다. 아마도 낙찰자가 경매 초보거나 물건 분석을 제대로 못 한 것이 아닐까 싶다. 보통의 물건 분석과 달리, 이 땅은 감정가 자체가 중요하지 않다. 맹지인지 아닌지도 중요하지 않다. 이 땅의 분석 포인트는 무엇일까?

이 토지는 승용차 1대가 겨우 지나갈 수 있는 비포장 골목길 안쪽이라 접근성이 떨어진다. 또 면적이 넓어 건축 행위를 할 수는 있으나, 벽돌공장 옆이다 보니 시멘트 분진이 날린다. 이런 곳에 상가나 주택을 지어 무엇을 하겠다는 것은 잘못된 생각이다. 이번 사례의 토지는 필지의 문제가 아니라 주위 환경과 입지에 문제가 있다. 결국 벽돌공장 사장님이 매수하는 것 외에는 달리 방법이 없다.

자료 3-5. **자료 3-4 매각 물건의 실거래가**

디스코맵으로 실거래가를 조회해보니 주변 벽돌공장은 2021년 6월, 평당 11만 원에 거래됐다(자료 3-5). 공매로 나온 물건의 면적이 68평이니, 시세대로만 계산해도 748만 원이다. 그 이상은 받기 힘들 것으로 추측되므로 낙찰가 890만 원은 아무래도 높다.

토지 낙찰자는 경락(競落, 경매·공매에 의해 동산 또는 부동산의 소유권을 취득하는 일)을 받은 후에야 벽돌공장 사장님과 협상하려고 했을까? 이 역시 잘못된 것으로, 협상은 입찰 전에도 할 수 있다. 약간의 검색과 전화 한 통이면 간단히 해결될 일이다. 내 주특기이기도 하다.

우선, 로드뷰로 벽돌공장 상호가 '○○건재'임을 확인했다. 네이버·KT 114를 통해 공장의 전화번호를 알아냈다. 입찰 전 공장으로 전화를 걸었다. 사장님이 직접 전화를 받았다.

"○○건재 사장님 되시나요?"

"네, 맞습니다. 어디십니까?"

"아, 네. 안녕하세요. 다름이 아니라, 성전리 ○○○번지 벽돌 적재된 토지 때문에 연락드렸습니다."

"그거 공매에 나온 거 말씀하시는 거죠?"

"(알고 있어서 깜짝 놀람) 네, 알고 계셨어요? 땅이 공장에 필요할 것 같고 이미 벽돌도 적재되어 있던데, 혹시 매수하실 의향이 있으십니까?"

"아, 아뇨. 없습니다. 벽돌은 지게차가 있으니 얼른 치워 드릴게요."

상대는 완강한 말투로 매수하지 않겠다는 의사를 보였다. 그래서 나는 입찰하지 않고, 더 유찰되면 시도를 해볼까 생각하고 있었던 것이다.

해당 토지가 공장부지의 가장자리가 아닌 중심에 가까운 쪽에 있다면 좀 더 협상의 여지가 있을 것이다. 그럴 경우 공장의 매출을 파악하거나 직접 임장으로 벽돌을 적재할 공간이 충분히 있는지, 공장에 증축은 필요한지 여부도 확인할 필요가 있다. 그렇지 않다면 상업지역이라 하더라도 무턱대고 입찰해서는 안 된다. 굳이 낙찰을 원한다면 750만 원 이하로 떨어질 때까지 기다려야 한다. 그 정도 가격 메리트는 있어야 그나마 협상을 시도해봄 직하다. 물론 그래도 이익이 크지는 않을 것이다.

낙찰자가 응찰하기 전에 나처럼 전화 한 통만 했다면 좋았겠지만, 혹여 협상에 특출난 능력이 있어 공장 사장님과 원만한 합의를 했을 수도 있다. 모르긴 모르지만, 결코 쉽지만은 않을 듯하다.

토통령
스토리

나이 40세에 직장생활을 그만두게 됐다. 근 15년을 다닌 회사였지만 계약이 종료되는 바람에 하루아침에 그만둘 수밖에 없었다. 병든 아버지를 병원에 모시고 다닐 때도, 심지어 장례식장에서조차 일을 손에 놓지 못할 정도로 실적 압박에 시달렸다. 그런 회사를 그만두니 처음에는 숨통이 트이는 듯했다.

그것도 잠시, 행복은 며칠 만에 걱정으로 바뀌었다. 아내와 아이 둘을 건사해야 하는 대한민국의 가장으로서 쉬는 날이 마냥 좋지는 않았다. 모아놓은 돈이 없어 당장 수입이 없으면 생계를 꾸려갈 수가 없었다. 돈을 벌어야 했다. 가능하다면 많이. 다시 회사에 돌아가고 싶진 않았다. 결단이 필요했다.

회사 생활을 하는 중에도 틈틈이 부동산 투자 공부를 했다. 멋모르고 아파트에 투자하거나 컨설팅 업체에 의뢰했다가 손해를 보기도 했고, 그러다가 토지로 눈을 돌리면서 드디어 수익이 나기 시작했다. 그간의 손해를 만회하니 재미있었다. 그 기억을 살려 퇴사 이후 내 삶의 방향을 정하고, 내 인생에 모험을 걸기로 했다.

퇴직금으로 받은 1,000만 원가량의 돈에다 실업수당을 더해 본격적인 투자를 시작했다. 이 적은 돈을 투자 밑천으로 삼아야 함은 물론, 생활까지 해야 했다. 무모해 보이지만 그만큼 자신 있었고, 또 그 정도로 절박했다. 밤을 새워 조사하고, 다른 사람의 성공 사례를 복기했다. 악착같이 매달린 결과, 오늘의 내가 될 수 있었다. 전업 투자한 지 5년 동안 130여 건의 낙찰을 받았다.

누구든 끊임없이 노력하고 열정을 다하면 적은 금액으로도 얼마든지 투자할 수 있고, 돈도 벌 수 있다. 가장 소액으로 투자했던 사례는 낙찰가 95만 원으로, 낙찰된 지 보름 만에 165만 원을 회수했다. 나도 이렇게 시작했다. 돈이 없어서, 시간이 없어서는 핑계일 뿐이다. 하고자 하는 마음만 있다면 누구나 할 수 있다.

PART

04

과소토지의
대반전

세계 1위 푸드 서비스 기업인 맥도날드는 전 세계 100여 개국에 4만 개 이상의 매장을 가지고 있다. 2022년 기준 연 매출액 231억 8,260만 달러(한화 약 31조 3,196억 원)로 언뜻 보면 햄버거만 팔아 부를 축적한 기업으로 보이지만, 자세히 들여다보면 그렇지 않다. 지난 2008년 글로벌 불황 때, 맥도날드는 자회사를 통해 세계 곳곳의 가격이 떨어진 노른자 땅과 건물들을 마구 사들였다. 그 결과 2018년 기준 전 세계 약 340억 달러, 한화로는 약 43조 8,600억 원에 달하는 부동산을 보유하고 있으며, 한국 맥도날드가 보유하고 있는 부동산 자산 규모는 약 1,500억 원가량이다.

맥도날드와 쌍벽을 이루는 스타벅스는 '스세권'이라는 말이 있을 정도로 입지 분석이 뛰어나다. 하워드 슐츠(Howard Schultz) 회장이 매장 신설 시 인구 통계 등의 데이터를 활용한다고 밝힌 바 있듯 스타벅스는 전국의 지하철역, 신설 예정역 및 기타 편의시설 등을 지도에 표시해놓고, 별도의 팀이 철저하게 상권을 분석해 입점을 확정하는 것으로 유명하다. 한때 국내 모 중저가형 커피 전문점은 대놓고 스타벅스 입지를 따라다니며 매장 확장을 할 정도로, 이들이 주변 상권에 미치는 영향력은 대단하다. 당연히 부동산 가격으로의 파급력은 이루 말할 것도 없다.

꿀벌수염으로 기네스북 기록을 보유 중인 안상규 씨가 경북 지역에 적을 두고 설립한 업체 '안상규벌꿀'도 마찬가지다. 언제부턴가 대구·경북 소재의 주요 상권에 이색적인 건물이 하나둘 들어섰다. 벌집 모양의 이 독특한 건물은 폭은 좁지만 높이는 꽤 높게 지어져 사람들의 이목을 끌고 있으며, 선명한 노란색 벽이 멀리서도 눈에 확 뜨여 마케팅적으로도 훌륭하다. 그중 대구 달서구 감삼동에 있던 한 매장은 2021년 2월 주택 건설회사에 매도됐다. 매도가는 약 30억 원으로 추정되며, 현재 아파트 공사가 한창 진행 중이다.

자료 4-1. **벌집 모양의 건물**

(출처 : 카카오맵)

세계적인 푸드 체인에서도 오로지 햄버거나 커피만 파는 것이 아니라니 놀랍지 않은가? 부자가 되기 위해서는 수익 구조를 하나만 두는 것이 아니라 파이프라인을 다채널로 짜야 한다. 이들 회사가 푸드 서비스 외에 자사 주식은 물론, 부동산으로도 돈을 버는 것처럼 말이다.

지금부터 차근차근 시작하되 생각의 범위를 넓혀야 한다. 단순히 땅을 싸게 사서 비싸게 팔 궁리만 하는 것이 아니라, 누구에게 어떻게 파는 것이 좋을지 예상해보도록 하자. 그런 노하우를 쌓기 위한 방편으로 용도지역, 토지 면적, 주변 상권 등에 따라 어떤 건물을 지으면 좋을지 시뮬레이션해보는 것도 좋은 방법이다. 또 자체적으로 건축이 불가하다면 인접 토지와 합필이나 분필이 필요한지도 생각해본다. 많이 알고 많이 생각할수록 점점 더 토지를 보는 눈이 뜨일 것이다.

아들아,
너는 계획이 다 있구나

자료 4-2. 매각 물건 정보

2023-12941-007 입찰시간 : 2024-05-27 14:00~ 2024-05-29 17:00   조세정리팀(☎ 1588-5321)

소재지	경상남도 김해시 진영읍 여래리 ▦▦▦ □지도 □지도 주소복사 (도로명주소 :)				
물건용도	토지	감정가	**51,300,000 원**	재산종류	압류재산(캠코)
세부용도	도로	최저입찰가	(80%) **41,040,000 원**	처분방식	매각
물건상태	낙찰	집행기관	한국자산관리공사	담당부서	경남지역본부
토지면적	135㎡ (40.838평)	건물면적		배분요구종기	2024-04-29
물건상세	도로 69㎡, 도로 66㎡				
위임기관	김해시청	명도책임	매수인	조사일자	0000-00-00
부대조건					

• 입찰 정보(인터넷 입찰)

입찰번호	회/차	대금납부(기한)	입찰시작 일시~입찰마감 일시	개찰일시 / 매각결정일시	최저입찰가
0084	021/001	일시불(30일)	24.05.13 14:00 ~ 24.05.14 17:00	24.05.16 11:00 / 24.05.27 14:00	51,300,000
0084	022/001	일시불(30일)	24.05.20 14:00 ~ 24.05.22 17:00	24.05.23 11:00 / 24.06.03 14:00	46,170,000
0084	023/001	일시불(30일)	**24.05.27 14:00 ~ 24.05.29 17:00**	24.05.30 11:00 / 24.06.11 14:00	**41,040,000**
				낙찰 44,000,000원 (107.21%)	
0084	024/001	일시불(30일)	24.06.03 14:00 ~ 24.06.05 17:00	24.06.07 11:00 / 24.06.18 14:00	35,910,000
0084	025/001	일시불(30일)	24.06.10 14:00 ~ 24.06.12 17:00	24.06.13 11:00 / 24.06.24 14:00	30,780,000
0084	026/001	일시불(30일)	24.06.17 14:00 ~ 24.06.19 17:00	24.06.20 11:00 / 24.07.01 14:00	25,650,000

(출처 : 옥션원)

자료 4-2의 토지는 지목은 '도로'지만 실제 나대지(裸垈地, 지상에 건축물이나 구축물이 없는 대지)로 이용되며, 2필지의 면적은 40.838평이다. 유찰된 이력이 있는 땅을 4,400만 원에 낙찰받았다. 감정가가 5,130만 원이니, 평당 125만 원에 평가된 땅을 평당 108만 원에 낙찰받은 것이다.

자료 4-3. **자료 4-2의 낙찰 토지의 폭**

(출처 : 스마트국토정보, 디스코)

이 토지가 없으면 뒤의 땅은 맹지(盲地, 도로와 맞닿은 부분이 전혀 없는 토지)가 되니, 플랜 A는 당연히 뒤 토지의 소유주에게 매도하는 것이다. 실거래 내역을 찾아보니 뒤 토지는 2016년 평당 344만 원에 매매됐다. 경락받은 토지는 지목과 달리 나대지로 이용하고, 건축도 가능하기 때문에 원형지로 매도해도 주변 시세대로 거래가 가능하다. 그러면 적어도 1억 원을 훌쩍 넘는 차액이 생길 것이다. 뒤 토지 소유주 입장에서도 매수를 안 할 이유가 없지만 문제는 늘 가격이다. 매수인은 싸게만 사려고 하고, 매도인은 비싸게 팔고 싶어 하는 것이 기본 아닌가. 혹 매매 협의가 잘 안될 경우를 대비해 플랜 B를 세워보자.

이 땅은 폭 3.7m로 도로 옆에 장방형으로 길게 붙어 활용도가 높다. 또 용도지역이 2종 일반주거지역으로, 근린생활시설 1, 2종 모두 건축이 가능하다. 건폐율 60%를 적용하면 바닥면적 24평짜리 건축물을 지을 수 있다.

토지 맞은편 아파트 상가에는 공인중개사 사무실, 한식집, 인쇄소가 있으며 상가 전체에 공실은 없어 보인다. 멀지 않은 곳에 2017년에 준공한 새 아파트가 있고, 1km 반경 내 4,000세대의 아파트 단지도 자리 잡고 있다. 상황을 종합해보니 낙찰받은 땅에 2층짜리 조립식 상가를 올리면 딱 좋을 것 같다. 치킨집, 커피 전문점, 편의점 외에 사무실로 임대하거나 분양할 수도 있겠다. 그것도 아니면 상가를 올린 후 통으로 매도하는 경우도 생각해볼 수 있다. 이런 식으로 땅을 어떻게 활용해볼 것인지를 다각도로 생각해보는 것이 좋다.

자료 4-4. **근린생활시설 신축공사 가설계도면**

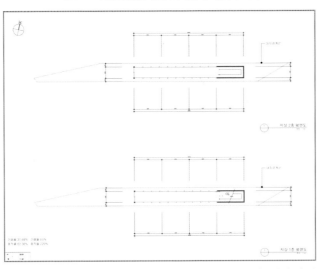

(출처 : 필자 제공)

"아들아, 너는 계획이 다 있구나~" 영화 <기생충>에서 아버지로 나오는 송강호 배우가 아들에게 한 말이다. 계획이 있을 것! 토지 투자에서 손해 보지 않는 방법 역시 이와 다르지 않다. 자료 4-2의 토지는 책을 쓰고 있는 현시점에도 그 밖의 상황을 검토하며 계속 진행 중이다.

참고로 현황은 나대지인데 지목이 도로인 땅은 개발행위 시 '농지전용부담금'*이 발생하지 않는다. 이 때문에 자금이 넉넉하다면 그냥 건축을 실행하면 된다. 언제나 그렇듯 자금이 넉넉지 않으면 문제가 생긴다. 이 상태로는 은행 대출이 불가하기 때문이다. 어떻게 해야 할까? 이대로 건축을 포기해야 할까? 그게 아니라도 다른 투자를 위해서는 레버리지를 일으켜야 하지 않을까?

이를 해결하기 위한 방안은 나대지를 밭으로 만든 다음 관할 지적행정팀에 지목변경을 신청하는 것이다. 어려운 절차 없이 증지 비용 1,000원만 내면 금방 끝난다. 그러면 대출이 바로 된다. 또 일정 기간이 지난 후(1~2년, 기간은 은행마다 상이하다)에 대출을 신청하면, 대출 평가에서는 '전'으로 평가하므로 한도가 훨씬 더 많이 늘어난다. 원금 회수는 물론, 다른 물건에 투자할 수 있는 여유자금도 생기니 레버리지 효과를 적극 누릴 수 있다.

---

* 지목을 '전'으로 변경해 개발행위를 할 때에는 농지전용부담금이 발생할 수 있으나, 해당 지역은 1976년에 주거지역으로 지정되어, '농지법 부칙 제7조제4항'에 따라 농지전용부담금이 면제된다.

김해시청지적과 지목변경에 대한 문의

현재 해당 토지들은 제2종일반주거지역 내 현황 나지 상태인 필지로서 해당 필지에 농작물(상추, 고추 등 채소 종류)을 경작하게 되면, 토지 소유자가 '공간정보의 구축 및 관리 등에 관한 법률 시행규칙 별지 제75호' 서식을 사용하여 우리 시 토지정보과에 지목변경 신청서를 접수하시면 "전"으로 지목변경이 가능함을 알려드립니다.

농지법 부칙 제7조(농지조성비 등에 관한 경과조치)
④ 법률 제4817호 농지법 시행일인 1996년 1월 1일 이후 「농지의 보전 및 이용에 관한 법률」 제4조제2항에 따라 1981년 7월 29일 이전에 협의를 거쳐 주거지역·상업지역·공업지역으로 지정된 지역 안의 농지를 전용하는 경우에는 제38조제1항제2호는 이를 적용하지 아니한다.

건물은
지을 수 있을까?

앞의 사례를 보며 '폭이 이렇게 좁은데 어떻게 건물을 지을 수 있을까?'라는 의문이 들 수 있다. '상상력이 과한데?'라고, 생각하는 독자가 있다면 지금 당장 네이버 검색창에 '얇디얇은 집'이라고 검색해보기를 권한다. 서울 서초구 잠원동에 위치한 이 집은 좌우 폭 1.4m로 초등학생 1명이 겨우 누울 수 있을 뿐이다.

도시재개발 과정에서 여기저기 잘려 나가고 남은 자투리땅이 있다. 수도권이나 광역시의 중심 상권이나 상가 밀집 지역 또는 유동 인구가 많거나 주변 경관이 우수한 곳은 자투리땅이라도 건물을 지을 수 있다. 랜드마크까지는 아니더라도 이색 건물로 이목을 끌기는 더 쉬우니 상가를 지어 직접 상점을 운영하거나 임대를 놓아도 괜찮을 것이다.

이런 땅은 경매보다는 공매(온비드)에서 종종 볼 수 있는데, 채무자가 팔 수 있는 땅을 모두 처분하고 남은 땅이 세금 체납으로 압류된 경우가 많기 때문이다. 자료 4-2의 공매 토지도 이와 같은 케이스다.

자료 4-5. **2.4m 폭의 상가**

(출처 : 스마트국토정보, 필자 제공)

　자료 4-5는 필자가 가끔 이용하는 저가형 커피 전문점이다. 토지 면적은 30평이나 폭은 2.4m밖에 되지 않는다. 6평짜리 컨테이너 2개를 합쳐 상가로 만들고, 손님이 주문하고 잠시 쉬어갈 수 있도록 테라스도 구비해 뒀다. 좁고 긴 자투리땅에 상가를 건축해 6년째 장사를 이어가고 있다.

자료 4-6. **매각 물건 정보**

(출처 : 두인경매, 카카오맵)

칠곡군의 왜관역 앞 일반상업지역의 대지 15.73평이 경매로 나왔다 (자료 4-6). 총 4명 중 감정가의 137%인 3억 4,550만 원을 적은 입찰자가 다른 3명을 제치고 낙찰됐다. 이 정도면 평당 2,000만 원이 넘는다. 왜관역을 빠져나와 정면 11시 방향으로 보이는 좋은 입지이긴 하나 자료 4-6의 사진과 같이 SUV차 한 대 정도의 넓이밖에 되지 않는다. 내가 소유주라면 어떻게 할까? 원형지로 팔까? 건물을 지을까? 책 읽기를 멈춰도 좋으니 잠시 생각해보자. 충분히 상상해봤다면 이제 실소유주는 어떤 결정을 내렸는지 확인해보자.

자료 4-7. **자료 4-6 물건의 현재**

(출처 : 스마트국토정보, 필자 제공)

글을 쓰고 있는 현재, 위 물건의 자리에는 자료 4-7과 같이 건물이 들어섰다. 16평이 채 안 되는 자투리땅에 바닥면적 12평, 연면적 24평의 2층 상가를 지어 유명 햄버거 프랜차이즈를 입점시킨 것이다(상업지역의 용도지역 건폐율[*]에 따라 12평으로 건축). 이처럼 상권이 잘 형성된 지역은 아무리 자투리땅이라도 쓸모가 있으니 눈여겨 둘 만하다. 평소 길거리를 다닐 때도 상가 내에 어떤 업종이 있는지, 소형 상가들은 어떤 구조로 공간 활용을 하는지 살펴보며 토지 활용에 대해 체감하면 좋다.

단, 협소 토지에 투자할 때 건축을 염두에 두고 있다면 주의해야 할 사항이 있다. 전용주거지역이나 일반주거지역에 건축하려면 '건축법 시행령 제86조(일조 등의 확보를 위한 건축물의 높이 제한)'에 유의해야 하므로 반드시 건축사무소에 문의해야 한다.

---

* 용도지역별 건폐율

용도지역		건폐율	
도시지역	주거지역	제1종전용주거지역	50% 이하
		제2종전용주거지역	50% 이하
		제1종일반주거지역	60% 이하
		준주거지역	70% 이하
		제2종일반주거지역	60% 이하
		제3종일반주거지역	50% 이하
	상업지역	중심상업지역	90% 이하
		일반상업지역	80% 이하
		근린상업지역	70% 이하

건축법 시행령 제86조(일조 등의 확보를 위한 건축물의 높이 제한)

① 전용주거지역이나 일반주거지역에서 건축물을 건축하는 경우에는 법 제61조제1항에 따라 건축물의 각 부분을 정북(正北) 방향으로의 인접 대지경계선으로부터 다음 각 호의 범위에서 건축조례로 정하는 거리 이상을 띄어 건축하여야 한다. 〈개정 2015. 7. 6., 2023. 9. 12.〉

1. 높이 10미터 이하인 부분 : 인접 대지경계선으로부터 1.5미터 이상
2. 높이 10미터를 초과하는 부분 : 인접 대지경계선으로부터 해당 건축물 각 부분 높이의 2분의 1 이상

민법 제242조(경계선부근의 건축)

① 건물을 축조함에는 특별한 관습이 없으면 경계로부터 반미터 이상의 거리를 두어야 한다.

② 인접지소유자는 전항의 규정에 위반한 자에 대하여 건물의 변경이나 철거를 청구할 수 있다. 그러나 건축에 착수한 후 1년을 경화하거나 건물이 완성된 후에는 손해배상만을 청구할 수 있다.

공유자 초본 발급,
간단 TIP

자료 4-8. 매각 물건 정보

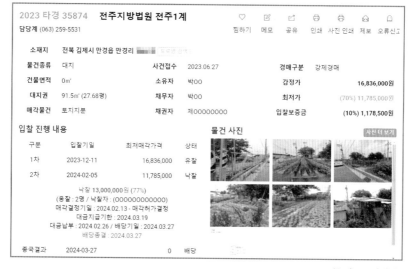

　전북 김제시 만경읍의 이 대지는 지분 27.68평으로 경매에 나왔다. 나는 이 물건의 1회차 경매가 유찰된 것을 확인하고, 2회차 경매에 참여해 낙찰을 받았다. 김제의 능제 저수지로부터 얼마 떨어지지 않은 4차선 대로에 붙어 있는 토지로, 현재 능제 저수지에는 꽤 큰 규모의 빠지(수상레저 시설)가 운영 중이다. 또 만경읍은 주거지역이 얼마 되지 않기에 희소가치가 충분히 있어 보였다.

지분 토지는 우선 공유자와 지분 정리가 필요하다. 공유자의 주소지로 내용증명을 보냈으나 수취인불명으로 반송됐다. 보통 이런 경우 즉, 수취인불명이나 폐문부재로 우편물이 반송되면 대개는 공유물 분할 소송을 한 후, 주소 보정 서류를 가지고 초본을 발급받으러 갈 것이다.

그러나 이제부터는 복잡하게 그럴 필요가 없다. '주민등록 질의·회신 사례집 102. 공동소유자 초본 교부 신청 가능 여부' 사항을 참고하면, 반송된 내용증명과 함께 공유자임을 입증할 수 있는 등기부등본, 신분증(법인이면 법인 서류 포함)을 가지고 각 시·군·구청에 가면 공유자의 초본 발급이 가능하다.

자료 4-9. **주민등록 질의·회신 사례집**

102 **공동소유자 초본 교부신청 가능 여부**
· 공동명의 지분중 일부의 지분을 구입하였고, 공동명의 지분권자에게 연락을 하여 나머지 지분의 구입을 위해 등기부등본 상의 주소로 등기를 보냈으나 이사하였다고 반송되었음
· 공동지분권자에게 꼭 연락해서 나머지 지분을 구입하려고 하는데, 공동소유자의 초본 교부신청 가능 방법은?

회신
· 토지 등 부동산의 공동소유자도 채권·채무관계 등 정당한 이해관계가 있는 자에 해당될 수 있으므로 부동산등기부등본과 공유자 주소로 보내 반송된 내용증명을 첨부하면 초본 교부신청이 가능

106 **토지공유자의 주민등록표 초본 발급**
· 토지공유자 중 1인이 토지매매를 위하여 등기부등본 상 토지공유자의 주민등록표 초본발급 신청 시 가능 여부

회신
· 수인의 토지공유자 중 1인이 토지매매 등을 위하여 등기부등본에 토지공유자임이 기재된 대상자의 주민등록표 초본의 교부를 신청하는 경우.
· 토지의 공유자임을 입증할 수 있는 등기부등본과 부동산의 처분행위에 관한 의사표시를 입증할 수 있는 내용증명을 첨부하여 신청하면, 부동산의 권리설정·변경·소멸에 관계되는 자에 해당하므로 공유대상자의 초본 교부신청 가능

(출처 : 행정부, 주민등록 질의·회신 사례집)

PART

05

낙찰받자마자
바로 보상금이?

이번에 소개할 사례는 사건 번호 2023타경1076(2), 강원도 횡성군에 있는 임야다. 입찰 전 사전 조사 과정에서 이 토지가 공익사업에 편입이 되어 있음을 알게 됐고, 단기에 보상을 받을 것을 예상했다. 수익금액이 다소 적더라도 우선 낙찰이 되는 것이 중요했기에 평소보다 입찰가를 조금 더 적어냈다. 결국 6,250만 원에 최종 낙찰자가 됐다. 나는 어떻게 이 땅이 보상될 것을 알았을까?

자료 5-1. 매각 물건 정보

(출처 : 두인경매)

토지를 잘 이해하려면 토지이용규제 및 도시계획정보 등의 정보를 제공하는 토지이음(www.eum.go.kr) 사이트를 잘 살펴야 한다. 유료 경매 사이트에서 관심 있는 물건의 '토지이용계획'을 클릭하면, 자료 5-2와 같이 토지이음의 화면으로 바로 연결된다.

자료 5-2. **토지이용계획**

소재지	강원특별자치도 횡성군 우천면 양적리 〓〓〓〓			
지목	임야 ❓		면적	1,602 ㎡
개별공시지가(㎡당)	31,600원 (2024/01) [연도별보기] ◎REB 한국부동산원 부동산 공시가격 알리미			
지역지구등 지정여부	「국토의 계획 및 이용에 관한 법률」에 따른 지역·지구등	도시지역 , 제2종일반주거지역 , 지구단위계획구역		
	다른 법령 등에 따른 지역·지구등	가축사육제한구역(2017-05-01)(전부제한구역)<가축분뇨의 관리 및 이용에 관한 법률>, 상대보호구역<교육환경 보호에 관한 법률>, 절대보호구역<교육환경 보호에 관한 법률>, 준보전산지<산지관리법>		
「토지이용규제 기본법 시행령」 제9조 제4항 각 호에 해당되는 사항				

(출처 : 토지이음)

자료 5-2의 '지역지구 등 지정여부' 항목을 보면 '도시지역, 제2종일반주거지역, 지구단위계획구역'이라고 기재되어 있다. 그중 '지구단위계획구역'을 눈여겨보자.

'지구단위계획구역'이란 지역을 체계적이고 계획적으로 관리하기 위해 법률에 따라 결정·고시한 구역으로, 도시지역에서 지구단위계획구역을 지정할 때는 지정 목적, 중심 기능, 해당 용도지역의 특성 등을 종합적으로 고려해야 하며, 기존 시가지의 정비·관리·보전 또는 신(新)시가지의 개발 등으로 그 목적을 분명히 해야 한다. 이에 따라 지구단위계획구역에서는 건축물의 용도, 종류, 규모 등은 물론, 건폐율과 용적률에 대한 제한을 강화 또는 완화할 수 있다. 주로 동이나 마을 단위의 큰 범위(벌크형)로 지정하는 경우가 많은데, 이런 곳은 이미 개발이 완료됐거나 난개발을 막기 위한 보전이 목적인 경우가 대부분이다.

자료 5-3. **이음지도**

(출처 : 토지이음)

자료 5-2의 화면에서 '이음지도 보기'를 클릭하면 자료 5-3의 이음지도로 이동하는데, 여기서는 지구단위계획구역을 지도로 확인할 수 있다. 지도를 보면, 매각 물건의 필지를 포함해 일부 몇 필지만 계획구역으로 지정됐다. 바로 이것이 핵심 포인트다. 자료 5-3과 같이 지구단위계획 구역이 벌크형이 아니라 일부 필지만 지정된 곳은 빠른 시일 내 구체적인 사업이 진행될 가능성이 높다.

확인해보니, 2021년 12월 29일 국토교통부 고시 제2021-1435호로 지정되어(자료 5-4) 공공주택 건설사업을 진행하고 있었다. 또 등기부등본에도 한국토지주택공사가 공유자로 등재되어 있었다(자료 5-5). 등기부등본에 정부나 지방자치단체, 공사 등이 공유자로 되어 있으면, 공공의 사업 진행을 목적으로 기(旣)공유지분의 토지를 협의 취득한 것이다.

자료 5-4. **사업고시문**

1. 사업 개요

- 사 업 명 : 횡성우천(2) 공공주택 건설사업
- 사업목적
  - 횡성군 임대주택 수급불균형 해소
  - 산단 근로자 및 고령자 등 개발환경 변화에 대응하는 소규모 개발 필요
  - 지방 주거취약 계층 주거복지 실현 및 중소도시 활성화 지원
- 위   치 : 강원도 횡성군 우천면 양적리, 우항리 일원
- 사업기간 : 2022.01.19 ～ 2023.05.31
- 사업면적 : 4,668㎡(1,445평)

2. 사업추진 계획

- '2021. 12. 29 지구지정 고시(국토교통부 고시 제2021-1435호)
- '2022. 01. 19 지구지정 정정고시(국토교통부 고시 제2022-28호)
- '2022. 04 보상계획 및 열람 공고
- '2022. 05 감정평가 의뢰
- '2022. 07 손실보상 협의 시행
- '2022. 12 공사 착공(예정)
- '2025. 09 사업 준공(예정)

(출처 : 한국토지주택공사)

자료 5-5. **등기사항전부증명서**

1. 소유지분현황 (갑구)

등기명의인	(주민)등록번호	최종지분	주소	순위번호
○○○ (공유자)	******-*******	4분의 1	서울특별시 노원구 섬밭로	20
한국토지주택공사(공유자)	****** *******	4분의 3	경상남도 진주시	21, 22, 23

(출처 : 인터넷등기소)

이 같은 조사 과정 끝에 나는 이 물건이 보상을 받을 수 있는 땅임을 확신했고, 낙찰받아 소유권을 이전한 지 채 한 달이 되지 않아 보상금 7,390만 원을 수령했다.

자, 그럼 이번에는 수령한 보상금에 대해 알아보자.

원래 보상금액에 대한 이의 제기는 보상금을 수령한 후에는 불가하며, 손실 보상의 수용재결 신청 시 할 수 있다.

따라서 보상금 예상액은 입찰 전에 감정가와 비교해 적절 여부를 따져봐야 한다('[부록]공익사업 토지 보상 절차' 참고).

예상 보상금은 경매감정평가서의 감정평가 선례를 참고해 추측해 볼 수 있는데, 자료 5-6과 같이 용도지역이 동일한 인근의 토지를 보상할 때 적용했던 공시지가와 토지 단가를 알 수 있다.

자료 5-6. **경매감정평가서**

기호	소재지	지목	면적 (㎡)	용도 지역	이용 상황	감정 평가 목적	기준시점	토지단가 (원/㎡)	기준시점의 개별공시지가 (원/㎡)	격차율
①	양적리 산**-*	임야	1,224	2종 일주	자연림	보상	2021.10.15	188,000	27,500	6.84

(출처 : 두인경매)

자료 5-7은 낙찰받은 토지의 감정평가다. 2023년 6월, 2종일반주거지역으로 적용해 187,000원/㎡, 총금액 74,893,500원으로 평가됐다.

자료 5-7. 2023년 6월 경매감정평가

일련 번호	소재지	지번	지목 용도	용도지역 구조	면적(㎡)		감정평가액	
					공부	사정	단가(원/㎡)	금액(원)
2	동소	***	임야	제2종일반주거지역	$1,602 \times \frac{1}{4}$	400.5	187,000	74,893,500

보상 투자 경험이 있거나 눈썰미가 있는 독자라면, 여기서 이상한 점을 발견했을 것이다. 혹시 문제점을 알아차리지 못했다면, 지금부터 하는 설명을 잘 들어야 한다. 아주 중요한 내용이기 때문이다.

분명 나는 이 토지의 보상금으로 7,390만 원을 받았다고 했다. 그런데 경매감정가는 74,893,500원이다. 많지는 않지만, 보상금이 경매감정가보다 적다. 왜 그럴까?

이 땅은 원래 한 필지에 1종일반주거지역과 자연녹지가 혼재되어 있었다가, 최근 공익사업 지정·고시로 인해 용도지역이 2종일반주거지역으로 상향됐다. 경매감정평가에는 이를 반영해 2종일반주거지역으로 평가하지만, 보상감정평가는 '개발이익 배제의 원칙'을 따른다(공익사업을 위한 토지 등의 취득 및 보상에 관한 법률 제67조제2항 '보상액을 산정할 경우에는 공익사업으로 인하여 토지 등의 가격이 변동됐을 때는 이를 고려하지 아니한다'). 따라서 사업 고시일 이전의 용도지역으로 평가를 하게 된다.

자료 5-8. **이음지도 보기**

(출처 : 토지이음)

자료 5-8은 토지이음의 이음지도 보기 화면이다. 이 토지의 지구단위
계획구역 고시일인 2021년 12월 29일 기준으로 시점 변경*을 해보면
그림과 같이 해당 시점의 용도지역으로 표시된다.

이에 낙찰받은 토지는 2022년 보상감정평가 때 1종일반주거지
역 183,600원/㎡과 자연녹지 129,600원/㎡으로 각각 평가해 총
6,740만 원으로 감정됐다가 2024년 4월에 재평가하면서 7,390만 원
으로 최종 결정된 것이다.

---

* 토지이음지도에서 시점 변경은 2020년 11월 30일 이후부터 가능하다. 만일 사업고시일이 그
이전이라면 관할 관청에 용도지역 변경 여부를 직접 문의해야 한다.

자료 5-9. **2024-04 보상단가표**

사업지구 : 횡성우천***

소재지	지번	용도	지목 공부 /실체	지분	전산번호	물건명등	수량	평가	단가 (원)
소유자 : ***									
강원도 횡성군 우천면 양적리	***	제1종일반 주거지역	임/임	4/40	8	토지	119.50㎡	단가	200,000
		자연녹지	임/임	4/40		토지	40.70㎡	단가	140,000

(출처 : LH공사)

  보상금액 산정법을 알았던 나는 이 토지의 경매가 1회 유찰된 이후에 입찰했다. 보상 물건이라는 확신이 있었기 때문에 평소의 입찰가 범위보다 조금 더 높은 금액을 적었지만, 이마저도 무턱대고 높게 적은 것이 아니라 보상가와 감정가의 차이를 고려해 산출한 금액이었다. 강원도 횡성군은 지가 상승이 매우 더딘 곳이라 인근 땅의 감정평가 선례와 가격 편차가 거의 없는 편이고, 경매감정가와 보상감정가도 크게 차이가 나지 않는다는 것까지 충분히 반영했기 때문이다. 나는 사전 조사와 입찰가 산성에 있어 최대한 세세한 부분까지 조정하는 것은 물론이고, 매도할 때는 각종 세금 납부까지도 미리 계산한다.

  요약하자면 해당 토지는 원래 1종일반주거지역 및 자연녹지였으나 2021년 12월 29일 공익사업에 편입되어 2종일반주거지역으로 상향됐다. 경매에서는 상향된 용도지역으로 평가하지만, **보상을 위한 감정평가는 사업 고시일 이전의 용도지역을 기준으로 평가한다.** 보상 투자를 할 때 이런 사실을 정확하게 인지하지 못한 채 경매감정가만 보고 입찰을 하면, 생각보다 적은 보상금으로 낭패를 겪는 경우가 있으니 매우 주의해야 한다.

개발이익 배제의 원칙
사례

자료 5-10. 매각 물건 정보

2023-07758-002			입찰시간 : 2024-05-27 14:00~ 2024-05-29 17:00		조세정리2팀 (☎ 1588-5321)	
소재지	경기도 화성시 양감면 요당리 ▨▨▨ 🖸지도 🖸지도 주소복사 (도로명주소 :)					
물건용도	토지	감정가		133,973,056 원	재산종류	압류재산(캠코)
세부용도	전	최저입찰가		(60%) 80,385,000 원	처분방식	매각
물건상태	낙찰	집행기관	한국자산관리공사		담당부서	경기지역본부
토지면적	470.0809㎡ (142.199평)	건물면적			배분요구종기	2023-10-10
물건상세	전 470.0809㎡					
위임기관	화성세무서	명도책임	매수인		조사일자	0000-00-00
부대조건	·본건은 당초 '농림지역'이었으나, 2023.6.14 일반공업지역으로 용도변경 및 토지개발사업시행 신고되었음 (관련문의:031-8059-5715) ·입찰 전 농지취득자격증명 발급 가능여부를 해당 행정기관에 확인후 입찰바라며, 본건은 다수가 소유하고 있는 공유물의 지분 매각으로 공유자로부터 우선매수신청시 매각결정취소될수 있음. 2023/10/10 농지(전, 답, 과수원 등)에 대해서는「농지법」제8조에 따라 농지취득자격증명을 발급받을 수 있는 개인과 농업법인만이 소유권이전등기를 받을 수 있으므로, 매각결정기일 전에 매수자격 취득사실을 증명하는 서류[농지취득자격증명, 농지취득자격증명 반려증(단, 반려사유에 따라 매각결정 또는 매각결정 불허)]를 제출하는 경우 매각결정을 하고, 매각결정기일 전가지 해당 서류를 제출하지 않는 경우에는 매각불허결정합니다.					

• 입찰 정보(인터넷 입찰)

입찰번호	회/차	대금납부(기한)	입찰시작 일시~입찰마감 일시	개찰일시 / 매각결정일시	최저입찰가
0043	019/001	일시불(30일)	24.04.29 14:00 ~ 24.04.30 17:00	24.05.02 11:00 / 24.05.14 14:00	133,974,000
0043	020/001	일시불(30일)	24.05.07 14:00 ~ 24.05.08 17:00	24.05.09 11:00 / 24.05.21 14:00	120,577,000
0043	021/001	일시불(30일)	24.05.13 14:00 ~ 24.05.14 17:00	24.05.16 11:00 / 24.05.27 14:00	107,180,000
0043	022/001	일시불(30일)	24.05.20 14:00 ~ 24.05.22 17:00	24.05.23 11:00 / 24.06.03 14:00	93,782,000

(출처 : 옥션원)

보상 투자에서 개발이익 배제의 원칙은 매우 중요하기 때문에 이해를 돕기 위해 자료 5-10의 공매 토지를 예로 들어 설명해보겠다.

경기도 화성시의 이 물건은 산업단지로 지정되면서 용도지역이 생산관리지역(자료 5-11의 좌측 그림)에서 공업지역(자료 5-11의 우측 그림)으로 변경됐다.

자료 5-11. **토지이음지도**

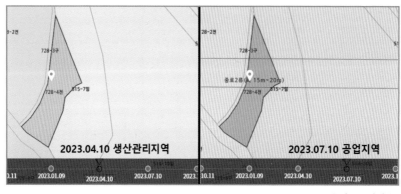

(출처 : 토지이음)

공매에는 변경된 용도지역인 공업지역으로 평가해 평당 943,000원으로 감정됐다. 자료 5-11의 우측 그림에서 보듯 토지의 일부가 도시계획도로로 편입됐는데, 개발이익 배제의 원칙에 따라, 고시일 이전의 생산관리지역으로 평가 및 보상이 된다. 그렇다면 보상금액은 인근 생산관리지역의 거래 사례를 비춰봤을 때 평당 40만 원으로 책정될 것이다.

일부 편입된 토지의 보상가가 공매감정가보다 낮아 아쉽긴 하지만, 그래도 도로 양쪽으로 쪼개진 잔여 2필지는 활용도가 높다. 공익지역은 건폐율과 용적률이 다른 용도지역보다 월등히 높아 건물을 더 넓고 더 높이 지을 수 있다. 따라서 직접 건축을 하거나 옆 필지의 소유주에게 매도하면 보상금으로 인한 손실을 만회할 수 있을 것이다. 그런데 만일

이 토지가 일부가 아닌 전체가 산업단지로 편입되어 수용된다면 어떻게 될까? 평당 94만 원인 줄 알고 낙찰받았던 땅이 평당 40만 원짜리로 평가되어 보상되면, 낭패도 이런 낭패가 또 없지 않겠는가. 투자의 디테일을 살릴수록 소중한 내 돈을 지킬 수 있고, 또 돈을 벌기도 쉽다.

 Tip **무료로 인감·초본 발급받기**

공익사업을 목적으로 토지 보상금 신청 시 인감증명(일반용·매도용)을 발급받을 때는 수수료를 납부하지 않아도 된다.
(공익사업 공고문 지참)

* 보상에 필요한 기타 구비서류는 정부24(www.gov.kr)에서 무료로 발급받을 수 있다.
  · 인감(일반용)증명·등·초본 ·토지대장·국세·지방세 납세증명서 발급 등

* 2024년 9월 30일부터 온라인으로 발급받은 일반용 인감은 법원 또는 금융기관 제출용으로 사용 불가
  인·허가·공증·보증 보상청구(소송사무 청산금, 유족보상 등), 계약·사업신청(주택·토지계약, 청약, 입찰참가 등) 경력 증명에 사용 가능함

인감증명법 시행령 제19조(수수료)
① 법 제15조의 규정에 의한 수수료는 다음 각 호와 같다.
1. 인감증명서 발급 : 통당 600원
2. 인감변경신고 : 회당 600원
② 다음 각 호의 어느 하나에 해당하는 경우에는 제1항에 따른 수수료를 면제한다.
1. 「공익사업을 위한 토지 등의 취득 및 보상에 관한 법률」에 의한 첨부서류로 제출하기 위하여 신청하는 경우

공유자 우선 매수할게요. 좋다 말았네…

충남 서산의 땅이 공매로 나왔다. 토지이용계획확인원을 보니 물건이 완충녹지에 편입되어 있었다(자료 5-12). 공익사업에 편입되어 보상되는 토지였다.

자료 5-12. **토지이용계획확인원**

소재지	충청남도 서산시 석남동			
지목	답 ❓		면적	64
개별공시지가(㎡당)	319,000원 (2024/01) 연도별보기 RE... 한국부동산원 부동산 공시가격 알리미			
지역지구등 지정여부	「국토의 계획 및 이용에 관한 법률」에 따른 지역 · 지구등	도시지역 , 제2종일반주거지역 완충녹지		
	다른 법령 등에 따른 지역 · 지구등	가축사육제한구역(전부제한지역:모든 축종 불가)<가축구역<교육환경 보호에 관한 법률>		
「토지이용규제 기본법 시행령」 제9조 제4항 각 호에 해당되는 사항	중점경관관리구역(2021-11-10)			
확인도면	(도면)		도시지역 제2종일반주 상대보호구역 대로2류(폭) 소로1류(폭) 소로2류(폭 소로3류(폭 완충녹지	

(출처 : 토지이음)

지방자치단체가 기존 공유자의 지분을 협의 취득한 것이 등기부등본 상에 표시됐으며(자료 5-13), 감정평가서에도 2023년 3월 24일 감정을 한 선례가 있었다.

자료 5-13. **등기부등본**

1. 소유지분현황 (갑구)						
등기명의인	(주민)등록번호	최종지분				순위번호
서산시(공유자)	****	5분의 4				27, 28, 29
○○○(공유자)	******-*******	5분의 1	서산시 읍내동***			1
다	협의보상 (본건 선례)	석남동 ***	답	2종일주	1,268,000	2023. 03.24	-

(출처 : 옥션원)

토지이용계획, 등기부등본, 감정평가서를 꼼꼼히 살펴 보상되는 땅임을 확신했다. 경쟁 입찰자 3명을 제치고 당당히 낙찰받았지만, 안타깝게도 지방자치단체가 공유자 우선 매수를 했다(자료 5-14). 예산이 없어서 그런지 최근 들어 지자체가 공유자 우선 매수를 하는 경우가 많아지고 있다.

다른 보상 토지도 그랬다. 지자체가 공유자인 보상 토지로 300만 원을 투자하면, 곧바로 500만 원가량의 수익이 생기는 물건이었다. 나는 낙찰을 받고 매각허가결정이 되기만 기다렸다. 지자체마다 일 처리 방법이 달라서 어떤 지자체는 소유권이전이 되기도 전에 낙찰된 사실만으로도 감정평가를 우선 진행해주기도 한다. 조금이라도 빨리 보상금을 받고 싶었던 나는 매각허가결정일을 하루 앞두고 관할 보상 담당자에게 전화했다.

자료 5-14. 매각토지 물건 정보

2024-00500-002		입찰시간 : 2024-05-20 14:00~ 2024-05-22 17:00		조세정리1팀(☎ 1588-5321)	
소재지	충청남도 서산시 석남동 ■■■■ □지도 □지도 주소복사 (도로명주소 :)				
물건용도	토지	감정가	16,281,600 원	재산종류	압류재산(캠코)
세부용도	답	최저입찰가	(90%) 14,654,000 원	처분방식	매각
물건상태	낙찰(공유자매각결정)	집행기관	한국자산관리공사	담당부서	대전충남지역본부
토지면적	12.8㎡ (3.872평)	건물면적		배분요구종기	2024-04-29
물건상세	답 12.8㎡				
위임기관	서산세무서	명도책임	매수인	조사일자	0000-00-00
부대조건	· 본건 지목 '답'이나 현황 '답기타(완충녹지 등)'으로 이용중이며, 인접토지와의 경계가 명확하지 않으므로 경계 확인, 지적측량 등 사전조사 후 입찰바람 (측량 등에 따른 비용은 매수자 부담임) · 본건은 공유물의 지분 매각으로 공유자로부터 우선매수신청시 매각결정취소될 수 있음 · 본건 [서산시 고시 제2020-214호 도시계획시설(녹지: 제2호, 제3호 완충녹지) 조성공사)에 편입된 토지로, 전용허가를 득한 것으로 확인되오니 관련부서(서산시)에 사전확인 후 입찰바람 2024/04/29 농지(전, 답, 과수원 등)에 대해서는「농지법」제8조에 따라 농지취득자격증명을 발급받을 수 있는 개인과 농업법인만이 소유권이전등기를 받을 수 있으므로, 매각결정기일 전에 매수자격 취득사실을 증명하는 서류[농지취득자격증명, 농지취득자격증명 반려증(단, 반려사유에 따라 매각결정 또는 매각결정 불허)]를 제출하는 경우 매각결정을 하고, 매각결정기일 전까지 해당 서류를 제출하지 않는 경우에는 매각불허결정합니다.				

• 입찰 정보(인터넷 입찰)

입찰번호	회/차	대금납부(기한)	입찰시작 일시~입찰마감 일시	개찰일시 / 매각결정일시	최저입찰가
0049	021/001	일시불(30일)	24.05.13 14:00 ~ 24.05.14 17:00	24.05.16 11:00 / 24.05.27 14:00	16,282,000
0049	022/001	일시불(30일)	24.05.20 14:00 ~ 24.05.22 17:00	24.05.23 11:00 / 24.06.03 14:00	14,654,000

낙찰(공유자매각결정) : 15,102,000원 (103.06%)

(출처 : 옥션원)

"보상 절차 좀 확인해보고 싶어서요."

"등기부등본을 보니 아식 소유권이 넘어가기 전이네요."

"네, 하지만 잔금만 납부하면 제 소유입니다."

"그런데… 공유자가 우리 군청이네요? 공유자 매수 연락을 못 받았는데…. 공유자 우선 매수 제도 아시죠? 캠코에 전화해봐야겠네요."

아차차. 통상 공유자 매수 신청은 낙찰 발표일이나 그다음 날 하는데 괜히 내가 먼저 전화를 해서 지자체가 공유자인 사실을 알려준 격이 됐으니, 가끔 너무 부지런해서 일을 그르치기도 한다. 아, 정말 좋다 말았다.

PART

06

꿩 먹고 알 먹고,
일석이조 투자

포항은 영일만과 호미 반도를 끼고 있는 긴 해안선과 청정해역으로 이루어져 수려한 자연환경을 자랑하는 인구 50만의 도시다. 해안 지역답게 죽도시장을 중심으로, 전통적으로 수산업이 발달해 있다. 아울러 남구에는 철강산업의 기반이 되는 포스코, 현대제철, 동국제강 등이 밀집해 공업단지를 이루고 있으며, 북구 흥해읍에는 포스코퓨처엠, 에코프로비엠 같은 기업이 미래 산업 먹거리로 주목받는 이차전지를 생산하고 있다.

자료 6-1. **매각 물건 정보**

2023 타경 32901(1)	**대구지방법원 포항5계**			♡ 찜하기	메모	공유	인쇄	사진 인쇄	제보	오류신고
담당계 (054)										

소재지	경북 포항시 북구 흥해읍 옥성리 ▓▓ 외 2개 목록 도로명검색		
물건종류	답	사건접수	2023.06.08	경매구분	임의경매
건물면적	0㎡	소유자	김OO	감정가	172,248,000원
대지권	456㎡ (137.94평)	채무자	김OO	최저가	(34%) 59,081,000원
매각물건	토지전부	채권자	우000000	입찰보증금	(10%) 5,908,100원

입찰 진행 내용

구분	입찰기일	최저매각가격	상태
1차	2023-12-11	172,248,000	유찰
2차	2024-01-08	120,574,000	유찰
3차	2024-02-13	84,402,000	유찰
4차	2024-03-11	59,081,000	낙찰

낙찰 66,220,000원 (38%)
(응찰 : 1명 / 낙찰자 : 주00000000)
매각결정기일 : 2024.03.18 - 매각허가결정
대금지급기한 : 2024.04.12
대금납부 : 2024.04.04 / 배당기일 : 2024.05.16
배당종결 : 2024.05.16

종국결과	2024-05-16	0	배당

(출처 : 두인경매)

북구 흥해읍은 도시개발사업이 한창이다. 자료 6-1의 매각 물건은 이차전지 기업인 에코프로비엠과 10km 정도 떨어진 곳으로, 차로 15분거리에 있다. 최초 감정가가 1억 7,200만 원이었지만, 무려 62%나 유찰되어 6,622만 원에 단독으로 낙찰됐다. 이 토지는 2종일반주거지역으로 인근 나대지의 시세는 대략 130만 원에서 150만 원 정도로 형성되어 있다. 유찰된 이력으로 봐서는 사람들이 이 땅의 가치를 모르는 것 같은데, 덕분에 나는 좋은 땅을 평당 50만 원에 받아올 수 있어 무척이나 기분이 좋았다.

자료 6-2. **자료 6-1의 공시지가**

총 3개의 필지는 공시지가 합계만 1억 5,000만 원에 달한다. 직사각형 모양의 ①번 토지는 총면적이 107평인데, 2종일반주거지역이므로, 용적률 100~150%, 건폐율 50% 이하의 용도지역 내 허용되는 다양한 건축물을 지을 수 있다. ②번 토지는 남양타운의 진입구로, 도로이며, ③번 토지는 동네 주민들의 텃밭으로 각각 이용되고 있다. 그런데 자료 6-2의 세 번째 그림을 통해 ①번 토지의 일부와 ②, ③번 토지의 전체가 도시계획도로에 편입이 되어 있음을 알 수 있다.

도시계획 예정 도로는 아직은 도로를 개설하지 않았지만, 개발과 인구 유입에 대비해 교통이 원활할 수 있도록 미리 도로를 계획한 것으로 이해하면 된다. 밑그림을 그리듯 이를 지도에 표시해둔 것이 도시계획선이며, 곧 도로를 개설할 것으로 여겨 공법상 제한을 둔다. 실제 사업이 진행되면, 토지를 수용하고 보상을 한다.

이에 나는 보상을 염두에 두고 입찰을 결정했다. 도로에 완전히 편입된 ②, ③번 토지와 ①번 토지의 일부는 보상을 받고, 잔여지는 활용하는 것이다. ①번의 토지의 면적은 도시계획선이 그어진 부분을 제외한 잔여지만 해도 73평가량 되기 때문에 얼마든지 건축행위를 할 수 있다. 인근에 영일만 산업단지가 있어 원룸 같은 다가구주택을 지어 임대를 놓거나, 실이용목적으로 3층짜리 조립식 상가를 지어 1, 2층은 사무실로 사용하고, 3층은 주택으로 거주하는 등 활용 방법이 다양했다.

입찰 전 도시계획도로 담당자에게 확인해보니, '1984년 3월 21일 소로 2-35류'로 최초 고시가 됐으며, 2024년 연말쯤 도로 개설 공사를 시행할 예정이라고 했다.

자료 6-3. **지적분할**

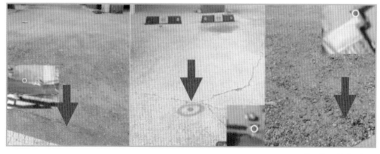

(출처 : 필자 제공)

낙찰 당일 현장에 가보니 이미 포항시 북구청 건설과에서 도시계획 선에 맞춰 측량해놓은 상태였다(자료 6-3). 곧 공익사업이 진행될 것임을 미루어 짐작했다(단, 도시계획 예정 도로는 20년 동안 진행하지 않으면 실효되어 지워질 수도 있으니, 사업의 실행 여부와 실효 가능성에 대해 꼼꼼히 따져보고 투자해야 한다).

자료 6-4. 자료 6-1의 경매감정가

	지번/토지이용계획/용도/구조/면적	감정가
1	옥성리 ▦ ▦ 답 36㎡ (10.89평) [토지이용계획] 제2종일반주거지역 | 도시지역 | 소로2류(폭 8 m~10m) | 가축사육제한구역	6,408,000 178,000(원/㎡)
4	옥성리 ▦ ▦ 답 354㎡ (107.09평) [토지이용계획] 도시지역 | 제2종일반주거지역 | 소로2류(폭 8 m~10m) | 가축사육제한구역	140,892,000 398,000(원/㎡)
5	옥성리 ▦ ▦ 답 66㎡ (19.97평) [토지이용계획] 제2종일반주거지역 | 도시지역 | 소로2류(폭 8 m~10m) | 가축사육제한구역	24,948,000 378,000(원/㎡)

(출처 : 두인경매)

보상금액을 따져보자. 자료 6-4의 경매감정가를 보면, 남양타운 진·출입로로 사용하는 1번 토지(자료 6-2의 ②번 땅에 해당)는 178,000원으로 평가했다. 지목은 '답'이지만, 현실적인 이용 상황을 고려해 '도로'로 낮게 평가한 것이다.

'공익사업을 위한 토지 등의 취득 및 보상에 관한 법률'에 따르면 공법(도시계획시설)상 제한을 받은 토지의 감정평가 기준은, 공익사업의 계획 또는 시행의 공고 또는 고시 및 공입 사업의 시행을 목적으로 한 사업 구역 지구·단지 등의 지정·고시를 기준으로 한다. 즉, 남양타운 진·

출입로로 이용되는 토지가 사업의 최초 고시일인 1984년 3월 이전에 무엇으로 사용됐는가에 중점을 두어야 한다. 국토정보맵을 이용해 확인한 결과 1984년 이전 '논'으로 사용됐으므로, 보상감정평가 시에는 '도로'가 아닌 '답'으로 평가해 보상함이 마땅하다. 나머지 2필지의 토지도 경매감정평가에서는 공법상 제한을 받은 상태로 저감 평가하지만, 보상평가에서는 원상태로 정상 평가해야 한다.

자료 6-4의 1번과 5번 토지는 각각 면적이 36㎡, 66㎡로 도로에 전부 편입됐고, 4번 토지는 전체 354㎡ 중 일부 109㎡가 편입됐다. 이에 공법 제한을 받지 않은 상태의 감정금액인 약 40만 원으로 적용하면, 편입된 면적 합계는 211㎡이므로, 보상금은 약 8,440만 원으로 예상할 수 있다(40만 원×211㎡).

6,620만 원에 낙찰받아 보상금으로 8,200만 원을 수령해 이익을 남기고 잔여지는 개발하거나 매매로 또 수익을 낼 수 있으니, 이야말로 '일석이조, 꿩 먹고 알 먹고'가 아닌가 싶다(사업이 생각보다 빨리 진행되어 9월에 보상감정평가를 했다. 예상 금액보다 훨씬 많은 1억 1,560만으로 평가됐다).

자료 6-5. **잔여지 현황**

(출처 : 필자 제공)

예정 공도,
사업해요? 안 해요?

자료 6-6. **매각 물건 정보**

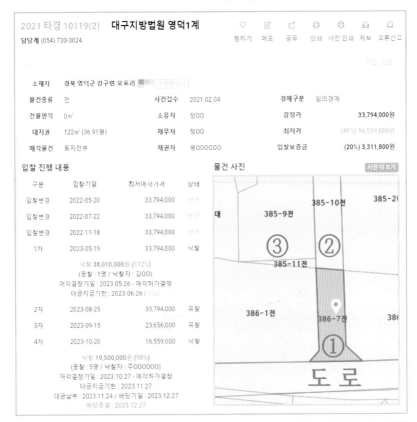

(출처 : 두인경매, 토지이음)

자료 6-6의 ①에 해당하는 토지를 경매로 낙찰받았다. 감정가 3,379만 원, 최종 낙찰가는 1,950만 원이다.

해당 토지는 '군·계획시설 오포 소로 3-12 경상북도 고시 제137호 (1976. 7. 20)'로 고시됐다가, 2020년 6월 29일 장기 미집행 도시계획시설 일몰제 만료일을 앞두고 '영덕군 제2020-66호 실시계획인가'를 고시했다. 지자체에다가 사업에 대해 문의하니 2025년에 구체적인 사업을 진행할 예정이라는 답변을 받았다.

실시계획인가 고시 후 5년 내 사업을 진행하지 않으면, 사업은 완전히 실효된다. 이를 토대로 나는 다음과 같이 계획을 세웠다. 우선 공익사업이 진행되면 보상금을 수령하고, 혹시 실효되면 자료 6-6의 ②, ③번 땅 소유주에게 파는 것이다. ①번 땅이 없으면 ②, ③번 땅은 도로가 접하지 않아 맹지가 되므로, 건축행위를 할 수가 없기 때문이다. 이러나저러나 급할 필요가 없으니, 사업이 어떻게 되는지 추이를 지켜보는 중이다. 생각보다 1년은 금방 지나간다.

그런데 만일 매각 물건이 ①번이 아닌 ②번 땅이라면 어떨까? 이때는 입찰에 신중해야 한다. 사업이 진행되어 보상금이 지급되면 다행이지만, 만에 하나 실효라도 된다면 해당 토지만으로는 아무 행위도 할 수 없는 맹지에 불과하기 때문이다. 국가정책과 사업은 언제, 어느 때에 시행되고 실효될지 모르니 늘 만약의 상황을 고려해 다각도로 분석해야 한다.

도시계획시설 도로
실효됐어요

　이번에는 사업 실효가 확정된 사례를 보자. 감정가 2,925만 원의 토지를 932만 원에 취득했다(자료 6-7). 안타깝게도 낙찰 후 도시계획선이 실효되면서 현재까지 매도하지 못하고 보유하고 있다.

자료 6-7. **매각 물건 정보**

2019 타경 547(5)	춘천지방법원 강릉3계			
담당계 (033) 640-1133			찜하기 메모 공유	인쇄 사진 인쇄 제보 오류신고
소재지	강원 강릉시 초당동 ▓▓▓ [도로명주소]			
물건종류	전	사건접수	2019.02.22	경매구분 임의경매
건물면적	0㎡	소유자	김OO	감정가 29,257,500원
대지권	117.5㎡ (35.54평)	채무자	김OO	최저가 (24%) 7,025,000원
매각물건	토지지분	채권자	권OO	입찰보증금 (10%) 702,500원

입찰 진행 내용

구분	입찰기일	최저매각가격	상태
1차	2019-12-16	29,257,500	유찰
2차	2020-01-20	20,480,000	유찰
3차	2020-02-24	14,336,000	유찰
입찰변경	2020-03-30	10,035,000	변경
4차	2020-05-04	10,035,000	유찰
입찰변경	2020-06-08	7,025,000	변경
5차	2020-07-13	7,025,000	낙찰

낙찰 9,320,000원 (32%)
(응찰 : 5명 / 낙찰자 : (OOOOOOOOOOOO))
매각결정기일 : 2020.07.20 - 매각허가결정
대금지급기한 : 2020.08.28
대금납부 : 2020.08.28 / 배당기일 : 2020.12.03
배당종결 : 2020.12.03

종국결과	2020-12-03	0	배당

물건 사진

(출처 : 두인경매)

자료 6-8. **장기미집행 도시계획시설 실효 전·후**

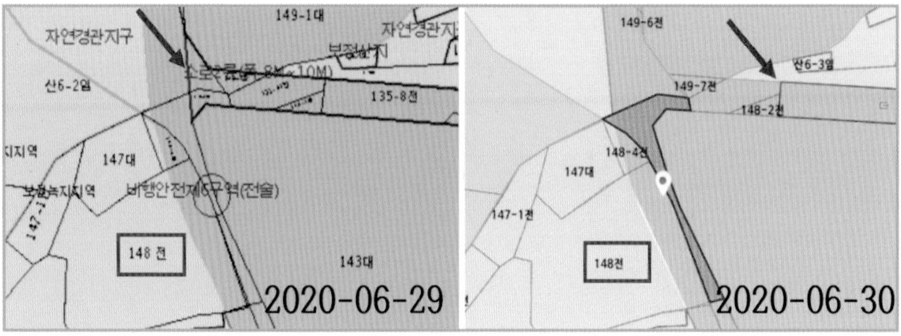

(출처 : 토지이음)

2020년 6월 29일까지만 해도 도시계획시설이 유효했다가 6월 30일 장기 미집행 도시계획시설 일몰제 종료일을 기점으로 완전히 실효됐다. 물건 조사 당시 강릉시청 담당자를 통해 사업이 실효될 것을 미리 알고 있었으나 인근 1○○번지 토지의 소유주가 인근 땅을 매집하고 있었기에 매매 시도를 해보기로 하고 약간의 모험을 걸었던 것이다.

자료 6-8에서 가운데 망치 모양을 한 땅이 낙찰받은 토지다. 좌측 그림과 같이 예정대로 사업이 진행되면, 인근 1○○번지 소유주는 나의 땅 1필지만 사면 맹지에서 탈출할 수 있으나, 사업이 실효된 탓에 내 땅을 포함해 4필지나 더 매수해야 했다. 그 사실이 부담이 된 것인지 아니면 경기 불황과 고금리 기조로 자금조달에 문제가 생긴 것인지 결국 협상은 성사되지 않았고, 나는 낙찰받은 땅을 처분하기 위해 다른 계획을 세우고 있다.

이런 모험적인 투자는 리스크가 있기 때문에 감당이 가능한 금액 범위에서 단행해야 한다. 모든 계획이 다 엇나가 아들에게 물려줘야 할 만큼 장기적으로 보유할 수밖에 없는 상황이 오더라도 버틸 수 있어야 하고, 때에 따라서 과감히 손절할 수도 있어야 하기 때문이다. 한 건의 투자가 다른 투자에 나비효과를 불러일으키지 않을 정도의 리스크만 지도록 한다. 그보다 더 중요한 것은 철저한 사전 조사다. 다방면으로 분석하고 토지 활용과 매도에 대해 최대한 많은 시나리오를 세워야 한다. 그렇게 해도 예기치 못한 일이 생기는 곳이 투자의 세계다. 무턱대고 입찰부터 하고 나서 낙찰받은 땅을 해결하지 못해 상담을 요청해오는 이가 너무도 많다. 참으로 안타까운 일이다.

07

내 편이 되어 줄
감정평가사

보상 투자를 할 때는 미리 보상금을 예상해보고 입찰에 응한다. 말 그대로 예상은 예상일 뿐이기에 실제로는 보상금이 적게 나올 때도 있고, 생각한 것 이상으로 많이 나올 때도 있다. 당연히 많으면 많을수록 기분이 더 좋다. '크~ 이 맛에 보상 투자하지!' 하는 소리가 절로 나온다. 반대로 범위를 벗어나는 정도로 적은 보상금을 받으면 기분이 별로다. 그러면 보상금의 산출 내용을 알아보기 위해 평가 금액을 다시 분석해 본다. 분석에 반영해야 했을 사항을 놓쳤거나, 오차범위를 생각지 못하고 높은 금액으로 낙찰을 받은 실수를 발견하기도 하나, 때때로 감정평가사가 실수하거나 상대적으로 낮은 평가 사례를 적용하는 경우도 있다. 이럴 때는 보상을 받는 사람의 입장으로서 매우 억울할 수밖에 없다.

감정평가사의 평가에 100% 순응해야만 할까? 나는 그렇지 않다고 본다. 감정평가사는 부동산, 동산, 유·무형자산 등의 경제적 가치를 판정해 그 결과를 가액으로 표시하는 국가 전문 자격사다. 의사도 소문난 명의가 있고, 그저 그런 동네 의사도 있지 않은가. 똑같은 의사라도 병과 환자에 대한 이해도가 다르고, 진료와 처방이 상이하다. 개인적으로 고질적인 허리디스크와 그와 관련된 질환 때문에 오랫동안 고생을 하고 있다. 침술원이나 경락 같은 각종 민간요법은 물론이고, 좋다는 병원을 안 다녀본 데가 없는데, 가는 곳마다 원인을 다르게 말하고 치료법도 다 달랐다. 누구는 이게 문제라고 하는데, 또 누구는 그것은 터무니없는 소리라며 다른 진단을 내리는 경우가 많았다. 변호사도 마찬가지다. 똑같이 공부하고 변호사가 됐어도 승률은 천차만별이다. 왜 그럴까?

바로, 사람이 하는 일이기 때문이다. 의사도 변호사도 기계가 아니고 사람이기 때문에 같은 상황을 두고도 사건을 해석하고 적용하는 일에 차이가 생길 수밖에 없다. 감정평가사도 마찬가지다. 그러니 특정 자격증이라고 해서 100% 신뢰하거나, 그 권위에 100% 굴복하지 않아야 한다. 뭔가 이상한 점이 있거나 의문이 생기면 이의를 제기할 수 있어야 한다는 말이다.

자료 7-1. **파산 공매로 낙찰받은 토지**

(출처 : 바른땅)

자료 7-1은 파산 공매로 낙찰받은 토지다. 2022년 3월경 인천시 옹진군 연평면 연평리의 98평(324㎡) 토지를 311만 원에 매수했다. 지목 '도로', 현황도 '도로'다.

자료 7-2. 2013년 인근 보상감정평가선례 및 산출내역

(3) 비교표준지

(공시기준일 : 2012. 1. 1)

기호	소재지	면적(㎡)	지목	이용 상황	용도 지역	도로 교통	형상 지세	공시지가 (원/㎡)
가	연평리 ***	437.0	대	단독 주택	계획 관리	세로(가)	사다리 평지	30,000

개별토지가격 산출내역

일련번호		1	2	3
소재지		옹진군 연평면 연평리	옹진군 연평면 연평리	옹진군 연평면 연평리
지번		***	***	***
지목		도	도	도
용도지역		계획관리	계획관리	계획관리
비교 표준지	기호	가	가	가
	공시지가(원/㎡)	30,000	30,000	30,000
시점수정		0.99662	0.99662	0.99662
지역요인		1.00	1.00	1.00
개별 요인	가로 조건	1.00	1.00	1.00
	접근 조건	1.00	1.00	1.00
	환경 조건	1.00	1.00	1.00
	획지 조건	1.00	1.00	1.00
	행정적 조건	0.33	0.33	0.33
	기타 조건	1.00	1.00	1.00
	소계	0.330	0.330	0.330
그 밖의 요인 보정		2.85	2.85	2.85
산출단가(원/㎡)		28,120	28,120	28,120
적용단가(원/㎡)		28,000	28,000	28,000

(출처 : 옹진군청)

언제나처럼 사전 조사를 꼼꼼히 하고 입찰에 임했다. 연접한 연평리 1번의 토지가 2013년 옹진군으로 소유권이 변경됐음을 확인했다. 담당자에게 정보공개 청구를 넣어 평가선례에 적용한 감정평가 내용이 있는지 문의했다. 보통은 개인정보로 비공개 사항이라고 하는데 어쩐 일인지 정보를 제공해줬다. 자료 7-2에서 알 수 있듯 연평리 1번의 토지는 2013년에 28,000원(㎡)으로 평가된 바 있다. 이를 파산 공매 토지에 적용한다 해도 대략 500만 원 정도의 이익을 남길 수 있을 것으로 추정했다(28,000원×324㎡=9,072,000원). '10년이나 지났으니, 이보다는 더 많지 않을까?' 하고 기대했다.

낙찰된 후 미지급용지 보상신청을 했다. 몇 달이 지나지 않아 감정평가를 진행해 보상하겠다는 연락이 왔다. 조금이라도 더 높게 평가받고 싶어 2013년의 토지 보상 선례를 근거로 열심히 의견서를 작성해 제출했다. 보상감정은 순조롭게 잘 끝나는 듯했고, 그로부터 한 달쯤 지나 옹진군에서 보상금을 신청하라는 공문을 송달받았다. 마치 로또복권 당첨이라도 확인하듯 가슴이 두근거렸다. 보상금 수령이 한두 번도 아닌데도 늘 짜릿하다. 그러나 기대가 크면 실망이 크다고 했던가. 떨리는 마음으로 보상금액을 확인한 순간, 돼지꿈을 꾸고 산 로또복권이 꽝이 된 것처럼 실망을 금치 못했다. 아니 분노했다는 표현이 더 정확할 듯하다. 수익금액에 확신이 있었기에 이 실망과 분노는 감정평가에 대한 불신으로 이어졌다.

자료 7-3. 보상금 확정 공지문

비교표준지

기호	소재지	면적(㎡)	지목	이용 상황	용도 지역	도로 교통	형상 지세	공시지가 (원/㎡)	공시 기준일
가	연평면 연평리 ***	542	답	답	계획 관리	맹지	정방형 평지	11,500	2022. 1. 1

손실보상금 확정[2022년 3월 군도 정비사업 미지급용지 보상] 토지분_2차
[가격 시점 2022. 5. 3]   (단위 : ㎡, 원)

리	지번	면적	지목	감정평가단가			보상액	소유자 (성명)
				A 감정법인	B 감정법인	평균단가		
							4,536,000	
연평리	***	324	도	14,000			4,536,000	***

(출처 : 필자 제공)

옹진군에서 확정한 미지급용지의 감정평가액은 14,000원(㎡)으로, 보상액은 4,536,000원이었다(자료 7-3). 낙찰받은 지 두 달여 만이고, 입찰가가 311만 원이었으니 취·등록세와 법무사 비용을 빼도 100만 원 정도의 수익을 확정할 수 있다. '매번 높은 수익을 올릴 수는 없으니 아쉽지만 이쯤에서 마무리하고 회전율을 중시하는 투자 원칙대로 다른 투자에 눈을 돌릴까? 전문가의 감정을 믿고 보상금을 받아야 할까?' 그랬다면 책의 내용은 여기서 끝나겠지만, 자존심이 상한 나는 이를 받아들이지 않기로 했다.

나는 감정평가에 문제가 있다고 생각하고 정보공개를 신청해 지자체로부터 토지 보상감정평가서를 받았다. 2명의 감정평가사가 각각 평가했는데 감정평가서가 똑같았다. 감정이라는 것이 평가에 적용하는 기본

틀이 있어서 어느 정도 비슷한 결과가 나올 수는 있으나 수학 문제처럼 정답이 딱 떨어지지는 않는다. 그런데도 내 토지에 대한 감정평가서는 마치 커닝이라도 한 듯 토씨 하나 틀리지 않았다. 나중에 다른 감정평가사를 통해 알게 된 사실인데, 2명의 감정평가사 중 한 사람이 먼저 평가서를 작성해 다른 감정평가사에게 제시하면, 이를 참고해 10% 오차 내에서 평가서를 작성한다고 한다. 그 이상의 격차가 생기면 감정금액이 너무 상이해 보상감정평가서로 사용할 수 없기 때문이란다.

또한, 내 토지는 면사무소 내에 위치하는데, 표준지를 면사무소 밖의 토지로 적용했다. 시골 동네의 토지는 도로 하나를 경계로 가격 편차가 매우 심하다. 면사무소 내의 토지가 평당 30만 원이라면, 면사무소 외의 토지는 5만 원 정도밖에 하지 않는다. 나는 비교 표준지를 바꿔 달라고 요청하기 위해 두 감정평가사 중 1명에게 직접 연락을 취했다.

- **토통령** : "파산 공매 토지는 면사무소 소재지 내에 위치합니다. 표준지로 정한 토지는 면사무소 밖의 토지이기 때문에 이걸로 표준지를 삼으시면 안 됩니다. 이런 시골 소재의 땅은 면사무소 내외의 가격 편차가 너무 심하지 않습니까. 또 2013년 당시 연접한 토지는 28,000원으로 평가됐는데, 10년이 지난 지금 토지 보상 가격이 후행하는 건 잘못됐다고 생각합니다."

- **감정평가사** : "의견서 잘 봤습니다. 감정평가에 대해 좀 아시는 것 같네요. 하지만 표준지도 맞게 사용했고, 우리는 잘못 평가한 사실이 없습니다. 취득한 기간도 짧고, 취득한 금액도 얼마 되지 않았네요. 낮게 매수하셨던데 453만 원이면 단기간에 수익이 괜찮은 편 아닙니까?"

- **토롱령** : "그게 무슨 말씀입니까? 내가 매수한 시기와 금액이 감정 평가와 무슨 상관이 있습니까? 그걸 기준으로 감정평가하시는 건가요? 그러면 감정평가사님은 내가 낮은 금액으로 매수해오면 무조건 낮게 평가합니까?"

- **감정평가사** : "낮게 가져온다고 해서 무조건 낮게 평가하지 않습니다. 표준지 공시지가, 주변 거래 사례, 자연적 환경조건, 개별요인, 인근의 경·공매·보상평가 사례 등을 기준으로 해서 평가를 합니다. 정 감정평가 금액이 마음에 들지 않으면, 내년에 다시 신청해서 재감정받으시길 바랍니다."

더 이상 할 말이 없었다. 이미 본인들이 옳다고 여겨 결정을 내린 것에 대해 일반인인 내가 무슨 말을 한다 한들 번복할 마음이 전혀 없어 보였다. 오래된 공무원이나 소위 '사'자가 붙은 전문직에 종사하는 사람들의 특징이다. 아무리 정당한 이유를 갖다대도 자신들의 권위에 도전한다고 생각해 불쾌해하는 사람도 봤다. 아무튼 1년 뒤에 단순 재감정을 한다 해도 많아 봐야 기존 감정가의 10% 내외 수준으로 오를 뿐이다. 처음 감정할 때 결정되는 금액이 그만큼 중요하다.

결국 나는 1년 후에 있을 재감정에 승부수를 띄우기로 했다. 소유자추천, 이른바 내 편이 되어줄 감정평가사를 찾아 나선 것이다. 말이 쉽지 막상 소유자 추천 감정평가사를 섭외하기란 여간 어려운 일이 아니었다. 감정평가사도 봉사자가 아니라 엄연히 돈을 받고 하는 일인지라 이동하는 시간과 거리 그리고 감정에 드는 품 대비 이익이 많은 사건을 맡으려고 하기 때문이다.

예를 들어 어떤 구역의 토지 100필지가 공익사업에 편입됐고, 내가 구역 위원장을 역임한다고 해보자. 감정평가법인에 연락해 100필지를 평가 의뢰하면 흔쾌히 수락할 것이다. 반대로 미지급용지 1필지만 보상 평가해달라고 하면 어떨까? 감정평가사들이 제일 어려워하는 분야가 하천 평가*와 미지급용지 평가다. 일반 아파트, 주택, 토지 감정평가는 현 상황대로 평가하면 되지만, 미지급용지는 종전 이용 현황을 상정해 평가해야 하기 때문이다. 공익사업 이전에 무엇으로 이용됐는가를 보고 평가를 해야 하는데, 무엇보다 감정평가 수수료가 적다.

– '공익사업을 위한 토지 등의 취득 및 보상에 관한 법률 시행규칙 제23조'에 따라 공법상 제한이 없는 상태로 토지를 감정평가 하는 경우로서 개별공시지가에 따라 산정한 지가의 총액이 감정평가액의 50%에 못 미치는 경우에는 감정평가액의 50%에 상당하는 금액
– 제5조에 따라 할증률을 적용하는 물건이 포함된 평가대상 물건의 감정평가 수수료가 300,000원에 미달하는 경우에는 수수료를 300,000원으로 하고, 제6조에 따라 할인율을 적용하는 물건이 포함된 평가대상 물건의 감정평가 수수료가 200,000원에 미달하는 경우에는 수수료를 200,000원으로 한다.

이런 이유로 소유자 추천 감정평가사를 찾는 일은 정말 하늘의 별(☆)따기와 같았다. 더군다나 이번 파산 공매 토지는 거리가 먼 정도가 아니라 배를 타고 들어가야 하는 섬이다. 여차해서 배를 놓치거나 기상 악화라도 되면 피치 못 하게 숙박까지 해야 하는 상황이 생긴다. 내가 감정평가사라도 거절할 것 같았다. 지푸라기라도 잡는 심정으로 한 감정평

---

* 하천 평가가 왜 어려운지는, 이 책의 PART 12 '강 따라~ 물 따라~ 하천 투자' 편을 참고하기를 바란다.

가사에게 연락했다.

보상 투자는 당연히 '보상금이 얼마냐?' 하는 것이 관건이다. 그동안 보상 물건을 발굴하고 투자를 하면서 나름의 노하우가 쌓였다. 대부분은 공부한 것을 토대로 유추한 범위 내에서 보상금이 나왔으나 그렇지 않을 때도 있었다. 그러면 나는 거기서 끝내지 않고 왜 그런 편차가 생겼는지 알기 위해 노력했다. 아웃소싱 인력 플랫폼 '크몽(kmong.com)'에 등록된 감정평가사에게 비용을 줘가며 문의하고 공부했는데, 그때 알게 된 분에게 연락한 것이다.

나는 감정평가사에게 부탁, 아니 사정을 했다. 개인적으로 친분이 각별한 것도 아니고, 그저 몇 번 상담을 의뢰하면서 연락한 정도가 다였지만 염치 불고하고 감정을 청했다. 간절함이 통했을까, 무척이나 난감해하던 감정평가사는 "소유주 추천으로 재감정하더라도 10%도 올리기 힘들 수 있어요"라며 의뢰를 수락했다. 그건 괜찮다고 답했다. 설사 보상에 큰 차이가 없더라도 억울함을 풀기 위해 할 수 있는 최선을 다했으니 그때는 결과에 승복할 수 있었다.

그래서 어떻게 됐을까? 결과부터 말하자면 승부수가 적중했다. 453만 원이던 보상금이 1년 만에 1,620만 원으로 바뀌었다. 섬까지 들어가 수고한 감정평가사에게 연신 감사의 인사를 했다. 감정평가사는 본인이 잘해서 그런 것이 아니라 마땅히 적용해야 할 요소대로 감정했다며 겸손해했다. 재감정 시에는 토지의 개별요인에서 접근성과 자연환경 조건이 가산됐고, 상대 감정평가사도 표준지를 대지로 잡고 그의

1/3인 49,000원으로 평가해, 양측 감정가의 산술평균인 50,000원(㎡)으로 확정됐다. 재감정을 안 했다면 1,200만 원을 허공에 날릴 뻔했다.

자료 7-4. 재감정 평가 보상금 내역

소재지 (시군면리)	구분	지번	지목		면적 (㎡, 개)	단가(원)	금액(원)
			공부	실제			
		***	도	도	324	50,000	16,200,000

(출처 : 필자 제공)

보상,
그 험난한 과정

자료 7-5. 매각 물건 정보

2021-14439-006		입찰시간 : 2022-04-04 10:00~ 2022-04-06 17:00			조세정리팀 (☎ 1588-5321)
소재지	인천광역시 옹진군 북도면 신도리 ▓▓▓▓ (도로명주소 :)		▣지도 ▣지도 주소복사		
물건용도	토지	감정가	38,126,000 원	재산종류	압류재산(캠코)
세부용도	전	최저입찰가	(80%) 30,501,000 원	처분방식	매각
물건상태	낙찰	집행기관	한국자산관리공사	담당부서	인천지역본부
토지면적	326㎡ (98.615평)	건물면적		배분요구종기	2022-03-07
물건상세	전 82㎡, 전 244㎡				
위임기관	인천광역시	명도책임	매수인	조사일자	0000-00-00
부대조건					

• 입찰 정보(인터넷 입찰)

입찰번호	회/차	대금납부(기한)	입찰시작 일시~입찰마감 일시	개찰일시 / 매각결정일시	최저입찰가
0019	011/001	일시불(30일)	22.03.21 10:00 ~ 22.03.23 17:00	22.03.24 11:00 / 22.03.28 10:00	38,126,000
0019	012/001	일시불(30일)	22.03.28 10:00 ~ 22.03.30 17:00	22.03.31 11:00 / 22.04.04 10:00	34,314,000
0019	013/001	일시불(30일)	**22.04.04 10:00 ~ 22.04.06 17:00**	22.04.07 11:00 / 22.04.11 10:00	**30,501,000**
				낙찰 : **33,020,000원** (108.26%)	
0019	014/001	일시불(30일)	22.04.11 10:00 ~ 22.04.13 17:00	22.04.14 11:00 / 22.04.18 10:00	26,689,000
0019	015/001	일시불(30일)	22.04.18 10:00 ~ 22.04.20 17:00	22.04.21 11:00 / 22.04.25 10:00	22,876,000
0019	016/001	일시불(30일)	22.04.25 10:00 ~ 22.04.27 17:00	22.04.28 11:00 / 22.05.02 10:00	19,063,000

(출처 : 옥션원)

이번 사례 역시 보상감정평가에 소유주 추천을 했다. 공매 시 자료 7-6의 비고 2에 대해 '도로'로 평가한 것을 보상평가를 받을 때는 종전 이용 현황이던 '전'으로 평가받았다. 감정평가 자체는 소유주 추천으로 원만하게 진행됐으나 보상을 받아내기까지 담당 주무관과 소모전이 있었다.

자료 7-6. **보상금 통지 내용**

가. 보 상 금: 금107,143,160원(금일억칠백일십사만삼천일백육십원)
나. 대상토지

계약자	소재지	지 번	공부면적 (㎡)	지목 (구조)	편입면적 (㎡)	평균단가 (원)	계약금액 (원)	비 고
계							107,143,160	
	북도면 신도리		82	전	82	328,660	26,950,120	1
	북도면 신도리		244	전	244	328,660	80,193,040	2

다. 소유권 이전일: 2023. 5. 3.
라. 보상금 지급일: 2023. 5. 17.

(출처 : 필자 제공)

원래 이 토지는 지목이 '전'이라 농지취득자격을 증명해야 했다. 지목과 달리 실제로는 다른 용도로 사용되고 있기에 이를 입증할 각종 증빙을 첨부해 '농지법상 농지 아님'으로 반려증을 받고 법인으로 취득했다. 그 후에도 해결할 일이 하나 더 있었다. 이 토지가 거듭 유찰된 까닭은 두 필지 중 한 필지만 보상이 되기 때문인데, 자료 7-6의 비고 1은 보상이 안 되는 잔여지로, 주변이 군유지에 둘러싸여 있는 데다가 마을 주민이 창고 및 마당으로 이용하고 있었다.

농지취득자격증명을 반려받기 위해 제시했던 사유를 이번에는 보상을 받기 위한 근거로 들었다. "양옆으로 도로에 껴서 아무짝에도 쓸모없는 잔여지가 아니냐, 그곳에 살고 있는 주민과 굳이 분쟁해야겠느냐?"라며 공무원을 설득했다. 처음에 담당자는 완강히 거부했다. 공익사업 후에 청구하는 미지급용지의 잔여지는 대부분 보상하지 않는다는 이유였다. 이대로 포기하면 토통령이 아니다. 끈질기게 물고 늘어져 겨우 보상을 해주겠다는 답을 받았다가 도중에 담당 공무원이 바뀌는 바람에 처음부터 다시 설득 과정을 반복하기도 했다.

입에 단내가 나도록 설전이 오간 끝에 결국 나머지 자료 7-6의 비고 1도 보상이 확정되어 낙찰받은 지 1년 만에 보상금을 수령했다.

자료 7-7. 농지취득자격증명 반려통지서

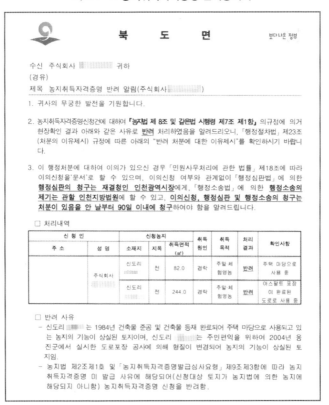

(출처 : 필자 제공)

Tip 비과세 토지는 사업용 토지

자료 7-5의 매각 토지는 도로로 이용되고 있어 재산세 면제(비과세) 대상이기 때문에 사업용 토지로 간주한다. 이 대목은 상당히 중요하다. 사업용이냐 비사업용이냐에 따라 양도할 때 적용되는 양도소득세율이 달라지기 때문이다. 비사업용 토지는 일반 양도소득세율(법인세율)에 10% 중과된다.

'소득세법 제104조의3(비사업용 토지의 범위)에서 제4호의 가' 항목에 따라 재산세가 비과세되거나 면제되는 토지는 사업용 토지로 보면 된다.

소득세법 제104조의3(비사업용 토지의 범위)

4. 농지, 임야 및 목장용지 외의 토지 중 다음 각 목을 제외한 토지

　가. 「지방세법」 또는 관계 법률에 따라 재산세가 비과세되거나 면제되는 토지

지방세법 제109조(비과세)

③ 다음 각 호에 따른 재산(제13조제5항에 따른 과세대상은 제외한다)에 대하여는 재산세를 부과하지 아니한다.

1. 대통령령으로 정하는 도로·하천·제방·구거·유지 및 묘지

지방세법 시행령 제108조(비과세)

① 법 제109조제3항제1호에서 '대통령령으로 정하는 도로·하천·제방·구거·유지 및 묘지'란 다음 각 호에서 정하는 토지를 말한다. 〈개정 2015. 6. 1., 2019. 12. 31.〉

1. 도로 : 「도로법」에 따른 도로(같은 법 제2조제2호에 따른 도로의 부속물 중 도로관리시설, 휴게시설, 주유소, 충전소, 교통·관광안내소 및 도로에 연접하여 설치한 연구시설은 제외한다)와 그 밖에 일반인의 자유로운 통행을 위하여 제공할 목적으로 개설한 사설 도로. 다만, '건축법 시행령' 제80조의2에 따른 대지 안의 공지는 제외한다.

2. 하천 : 「하천법」에 따른 하천과 「소하천정비법」에 따른 소하천

3. 제방 : 「공간정보의 구축 및 관리 등에 관한 법률」에 따른 제방. 다만, 특정인이 전용하는 제방은 제외한다.

4. 구거(溝渠) : 농업용 구거와 자연유수의 배수처리에 제공하는 구거

5. 유지(溜池) : 농업용 및 발전용에 제공하는 댐·저수지·소류지와 자연적으로 형성된 호수·늪

6. 묘지 : 무덤과 이에 접속된 부속시설물의 부지로 사용되는 토지로서 지적공부상 지목이 묘지인 토지

따라서 보유한 토지가 공공도로로 이용 중인데도 재산세가 부과됐다면, 행정관청에 이의신청해보길 바란다.

자료 7-8. **토지 재산세 고지서**

(출처 : 필자 제공)

자료 7-8의 토지로 재산세 고지서가 왔다. 서본리는 지목은 '대지'지만, 현황은 도로와 주민들의 주차장 부지로 이용되고 있었다. '부과고지 처분을 안 날로부터 90일 이내에 이의신청'을 해 면제를 받았다(지방세기본법 제90조). 다른 필지인 우계리는 재산세 부과액이 1,620원으로 '지방세법 119조 소액 징수면제'를 적용받았다.

지방세법 제119조(소액 징수면제)

고지서 1장당 재산세로 징수할 세액이 2천 원 미만인 경우에는 해당 재산세를 징수하지 아니한다.

기껏해야 3만 원 면제받은 것을 운운하냐고 할 수 있겠지만, 중요한 점은 이로써 사업용 토지로 인정받았다는 것이다. 서본리는 얼마 되지 않아 공익사업에 편입되어 양도차익이 1,000만 원이 발생했으나, 재산세 면제 이력을 내세워 사업용 토지로 인정받아 세금 10%를 절세할 수 있었다. 다른 사업 분야도 그렇지만, 특히 부동산 투자는 버는 것 못지않게 절세가 중요하다.

08

회전율을
높여라

2023년 말 통계청에서 발표한 장래인구추계 자료에 따르면, 우리나라 총인구는 2022년 5,167만 명에서 2024년 5,175만 명 수준으로 증가한 후 감소해 2030년 5,131만 명, 2072년 3,622만 명으로 1977년 수준에 이를 것으로 전망했다. 또한 출생아 수는 2022년 25만 명에서 2072년 16만 명으로 감소할 것으로 예상했는데, 이는 2022년의 65.0% 수준에 불과하다(출처 : 통계청 보도자료, 장래인구추계 2022~2072년).

자료 8-1. **인구성장률 및 출생아수**

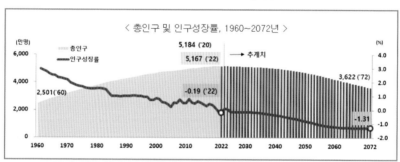

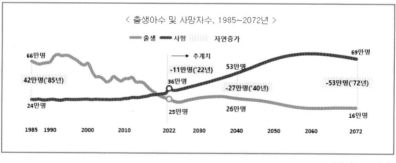

(출처 : 통계청)

실제로 총인구는 2020년 5,184만 명을 정점으로 감소하고 있으며, 출산율이 0.7명대로 접어들면서 2013년부터 11년째 OECD 주요국 중 출산율 꼴찌를 기록하고 있다.

자료 8-2. 총인구수 및 출생 추계율

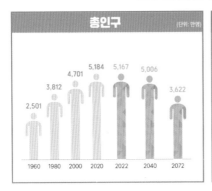
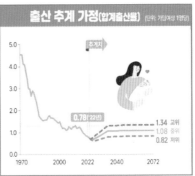

(출처 : 통계청)

한편, UN은 인구 중 만 65세 이상의 비율이 7% 이상이면 고령화 사회, 14% 이상이면 고령사회, 20% 이상이면 초고령화 사회로 분류하는데, 전국 250여 개 지자체 중 절반 이상이 이미 초고령화가 됐다. 대부분 농어촌 지방 도시일수록 초고령화 현상이 심해졌고, 전국 광역단체 중에서는 부산이 고령화 속도가 가장 빠르다.

인구 감소, 고령화와 더불어 심각한 문제가 바로 지방 소멸이다. 지방 도시는 유입이나 출산으로 인구가 증가하는 양보다 외부로 유출되는 양이 더 많다. 이를 해결하기 위해 각 지자체에서는 출산 지원이나 주택 지원 등 각종 해결책을 내걸고 있지만, 이미 가속화된 유출을 막기에는 턱없이 부족하다. 반대로 인구 유입이 지나치게 높은 서울, 수도권 등 일부 도시는 인구 과밀화로 인한 부동산 가격 상승과 교통 문제로 골머리를 앓고 있다.

보통 투자 전문가라는 사람에게 조언을 구하면 자신이 잘 아는 것부터 시작하라고 한다. 주식이나 부동산이나 마찬가지다. 잘 아는 종목이나 기업의 주식에 투자하듯 부동산도 자신이 거주하는 지역 위주로 투자할 것을 권한다. 하지만 내 생각은 이와 다르다. 부동산은 투자하려는 사람이 어디에 거주하느냐에 따라 달리해야 한다고 본다. 경기도 권역 같은 경우는 계속해서 인구가 몰리고 그에 따라 지가도 상승한다. 본인이 경기도민이라면 인근의 잘 아는 곳 위주로 투자하는 것이 좋다. 반면 도심의 공동화가 진행되고 지방 소멸이 가속화되고 있는 지역의 주민이라면 거주지 주변이 아니라 돈이 돌고 수요가 많은 지역에 투자하는 것이 마땅하다. 아무리 잘 아는 지역이라도 수요가 없으면 투자금이 물리기 마련이다. 투자의 세계에서는 똑같은 돈과 시간을 가지고도 어떤 선택을 하는지에 따라 결과가 달라진다.

경북의 한 작은 도시에 거주하는 나는 이런 이유로 다른 지역을 눈여겨보고 있다. 개발 호재가 끊이지 않고, 인구가 지속적으로 늘고 있는 경기도 화성의 농지를 취할 요량으로 농지취득자격증명 심사를 몇 차례 받았으나 거리가 멀다는 이유로 농지 심의위원들이 한결같이 부결을 내는 실정이다. 거리로 따지면 그에 못지않은 강원도 양양이나 양구군도 농지취득자격증명을 내주는데, 화성은 가뜩이나 유입되는 인구가 많아 아쉬운 것이 없어서 그런가? 여간 까다롭게 구는 게 아니다. 어차피 나는 자금 회전율을 최우선으로 하는 단기 투자자이기도 하고, 지목이 농지가 아니거나 농지라도 농지취득자격증명이 필요 없는 토지를 더 선호하기 때문에 크게 개의치 않는다. 그래서 차선책으로 천안·아산·당진·서산으로 눈을 돌렸다. 해당 지역들 역시 기업 유치 및 개발 가능성으로 인구가 증가해 지가가 꾸준히 상승 중인 곳이다.

충남 천안의 인구는 2014년 59만 명에서 2015년 60만 명으로 매년 꾸준히 늘더니 현재는 65만 명을 훌쩍 넘었다. 타 지방의 인구 소멸 문제가 제기되는 가운데, 천안으로 인구 유입이 늘고 있는 이유는 삼성 SDI와 디스플레이, 현대글로비스를 비롯한 대기업과 외국계 기업 등 크고 작은 기업들이 몰려 있기 때문이다. 이렇다 보니 천안의 부동산 가격은 몇 년 새 천정부지로 치솟았다. 수요와 공급의 법칙에 따른 당연한 이치가 아닐 수 없다.

자료 8-3. **매각 물건 정보**

2023-11480-001

	입찰시간 : 2024-02-26 10:00 ~ 2024-02-28 17:00		조세정리1팀 (☎ 1588-5321)

소재지	충청남도 천안시 서북구 성환읍 양령리 ▒▒ ▒ □지도 ▒지도 주소복사		
	(도로명주소 충청남도 천안시 서북구 성환읍 호성촌)		
물건용도	토지	감정가	74,104,000 원	재산종류	압류재산(캠코)
세부용도	대지	최저입찰가	(70%) 51,873,000 원	처분방식	매각
물건상태	낙찰	집행기관	한국자산관리공사	담당부서	대전충남지역본부
토지면적	236㎡ (71.39평)	건물면적		배분요구종기	2023-12-26
물건상세	대 236㎡			조사일자	0000-00-00
위임기관	천안세무서	명도책임	매수인		
부대조건	- 본건은 인접토지와 일단으로 공장으로 이용중이며, 지상에 매각에서 제외하는 제시외 건물이 소재하므로 입찰시 책임하에 반드시 사전조사 후 입찰바람 - 정확한 위치, 지적, 경계 등 기타 관련사항은 측량이 필요할 수 있으므로 사전조사 후 입찰바람 2023/12/26				

• 입찰 정보(인터넷 입찰)

입찰번호	회/차	대금납부(기한)	입찰시작 일시~입찰마감 일시	개찰일시 / 매각결정일시	최저입찰가
0070	001/001	일시불(30일)	24.01.08 10:00 ~ 24.01.10 17:00	24.01.11 11:00 / 24.01.22 14:00	74,104,000
0070	002/001	일시불(30일)	24.01.22 10:00 ~ 24.01.24 17:00	24.01.25 11:00 / 24.02.05 14:00	66,694,000
0070	003/001	일시불(30일)	24.02.05 10:00 ~ 24.02.07 17:00	24.02.08 11:00 / 24.02.21 14:00	59,284,000
0070	004/001	일시불(30일)	24.02.26 10:00 ~ 24.02.28 17:00	24.02.29 11:00 / 24.03.12 14:00	51,873,000

낙찰 : 54,000,400원 (104.1%)

(출처 : 옥션원)

마침, 천안 소재지의 공매 물건 하나가 눈에 띄었다. 지목 '대지'에 감정가 74,104,000원, 입찰 4회차에 54,000,400원으로 낙찰됐다. 면적이 71.39평이므로 평당 76만 원꼴로 낙찰받은 셈이다.

자료 8-4. **타인 소유 천막 구조물**

(출처 : 디스코)

물건 정보의 부대조건에는 '본 건은 인접 토지와 일단으로 공장으로 이용 중이며, 지상에 매각에서 제외하는 제시 외 건물이 소재한다'라고 명시되어 있었다. 토지만 공매로 매각하고 지상의 건물은 타인 소유라는 말이다. 알아보니 가축 사료를 제조하는 모 영농조합법인 회사가 만든 천막 구조물로, 일전에 연접한 공장을 경매로 낙찰받았다가 새로운 법인을 설립하면서 자료 8-4와 같이 2022년 3월, 51만~113만 원 금액으로 자전거래를 한 것으로 보였다. 나는 이 매각 토지를 사료공장에 매도하기로 했다. 목표가는 평당 110만 원씩 7,800만 원으로 삼았다.

그러자면 입찰 전 사료공장의 상황부터 파악할 필요가 있었다. 먼저 기업의 재무 상태를 열람할 수 있는 인터넷 사이트나 휴대전화 앱을 이용해 재무제표를 확인했다. ○○영농조합법인은 영업이익률이 흑자인 상태로 재무제표상으로는 정상적으로 운영되는 중이었다. 사장과 직접 접촉을 해봐야 알겠지만, 이 정도면 충분히 토지를 매수할 능력은 있어 보였다. 곧바로 전화를 걸었다.

사장은 생각보다 깐깐하게 굴었다. 처음에 나는 9,000만 원을 제시했다. 어느 정도 네고할 것까지 생각한 금액이었는데, 상대는 낙찰받은 금액에 수고비 500만 원을 더 얹어주겠다고만 했다. '아…또 이러네.' 협상할 때 이해관계인들이 주로 하는 말이 싸게 낙찰받았으니 100~200만 원만 남기고 땅을 넘기라는 식이다. 하나같이 내가 낙찰받은 금액을 기준으로 삼으려고 든다. 기본적인 시세가 있는데도 불구하고 어디서 그런 논리가 나오는지 도무지 모르겠지만(당연히 싸게 사고 싶은 마음이려니), 중요한 것은 협상은 '케바케(케이스 바이 케이스)'인지라 누가 더 유리한 위치에 있느냐로 결과가 나뉜다. 내가 길자루를 쥐고 있디면 시세나 감정가로 받아도 무방하지만, 그렇지 않다면 몇백만 원 때문에 의견 차이를 좁히지 못하고 소송까지 갈 필요는 없다는 생각이다. 소송에 걸리는 시간과 노력을 감내할 만큼의 이익이 아니라면 자금 회전을 높여 그 이상으로 만회하면 그만 아닌가. 그편이 훨씬 더 수익률도 높고 스트레스도 적다.

사장은 법대로 진행하라며 천막 안에 있던 사료도 이미 다 치워놨다고 끝까지 배짱을 부렸다. 더 이상 시간을 끌어봐야 별로 득 될 것도 없어 보여 6,200만 원에 타결했다. 투자금 대비 수익금이 적어 살짝 아쉽긴 했지만, 소유권이전등기한 지 한 달 만의 단기 수익이 이만하면 나름 잘 마무리됐다고 본다. 매도 절차도 법무사에 위임했기 때문에 입찰부터 매도까지 우체국에 두 번 다녀온 것이 내가 한 수고의 전부인 데다, 결론적으로는 주변 시세대로 매도한 셈이기 때문이다. 사실 매각 토지는 충분히 단독으로 건축행위를 할 수는 있지만, 계획관리지역의 30가구 내외의 작은 동네 마을 안길에 접해 있을 뿐인지라 단독주택을 짓는 것 외에는 별 매력이 없는 토지였다.

회전율 좋은 물건인데
아깝다

　매각 물건을 검색하다 보면, '토지만 매각, 건물은 제외. 법정지상권 성립 여지 있음'이라고 표기된 물건이 있다. 공매의 경우에는 '지상에 매각에서 제외하는 제시 외 건물 있음'이라고 되어 있다. 이런 물건은 낙찰을 받아도 토지만 소유할 수 있는 것으로, '특수물건'이라 칭한다.

　과거에는 '법정지상권'이라는 문구만 있으면 유찰이 거듭되기도 했다. 자칭 전문가라는 사람들은 법정지상권 성립이 안 되는 물건을 낮은 금액에 낙찰받아 건물 소유주에게 되팔거나, 건물을 철거하고 남은 나대지를 일반 매매로 팔기도 했다. 요즘에는 법정지상권 성립이 되든 안 되든, 토지의 가치보다 제시 외 건물의 가치가 더 있으면, 경매나 공매 1회차에 높은 금액으로 낙찰받아가는 사례가 더 많다. 법정지상권이 성립되면 건물 소유주로부터 지료소송을 해 지료를 받으면 되기 때문이다. 다만 이런 경우는 소액 투자가 아니면 별 메리트가 없다. 투자 금액이 몇억 원을 넘는 데 반해 4~6% 수준의 지료는 은행이자 정도에 만족하는 안정적인 투자 성향의 사람이라면 모를까, 투자자의 관점에서 그다지 실익이 크지 않기 때문이다. 나라면 돈을 최대한으로 굴려 회전율을 극대화할 수 있는 곳에 투자할 것이다.

자료 8-5. 매각 물건 정보

2020-09853-002			입찰시간 : 2022-01-10 10:00~ 2022-01-12 17:00			조세정리팀(☎ 1588-5321)		
소재지	경상북도 의성군 단촌면 방하리 □지도 □지도 주소복사 (도로명주소 : 경상북도 의성군 단촌면 방하1길)							
물건용도	토지		감정가		11,513,000 원	재산종류	압류재산(캠코)	
세부용도	대지		최저입찰가	(100%) 11,513,000 원		처분방식	매각	
물건상태	낙찰		집행기관	한국자산관리공사		담당부서	대구경북지역본부	
토지면적	397㎡ (120.093평)		건물면적			배분요구종기	2021-12-27	
물건상세	대 397㎡							
위임기관	역삼세무서		명도책임	매수인		조사일자	0000-00-00	
부대조건	본건 토지만의 매각이며, 위 지상소재 제시외건물 공매에서 제외하니 사전조사 후 입찰바람 2021/12/27							

• 입찰 정보(인터넷 입찰)

입찰번호	회/차	대금납부(기한)	입찰시작 일시~입찰마감 일시	개찰일시 / 매각결정일시	최저입찰가
0006	002/001	일시불(30일)	22.01.10 10:00 ~ 22.01.12 17:00	22.01.13 11:00 / 22.01.17 10:00	11,513,000
					낙찰 : 18,428,000원(160.06%)

(출처 : 옥션원)

자료 8-5의 매각 물건은 법정지상권 성립 여지가 있어 보이는 토지다. 대지 120평의 감정가가 1,151만 원으로, 평당 96,000원씩 평가됐다. 토지 위의 건물은 1990년쯤에 유행하던 붉은 벽돌의 양옥집으로, 면적은 28평 정도다. 당시의 건축비가 평당 200만 원쯤 됐던 것을 고려하면 이 건물의 가치는 적어도 5,600만 원은 될 것으로 보였다. 시간이 흐름에 따라 당연히 건물의 가치는 감가상각되겠지만, 거주자 입장은 달리 생각해야 한다. 다른 곳에 땅을 사서 새로 집을 짓는다 해도 2억 원이 훌쩍 넘는 건축 비용이 발생하기 때문에 어떻게든 현재의 집을 지키려고 할 것이다.

나는 이를 중점에 두고 입찰에 응했다. 무리하지만 않는다면 거주자에게 단기간에 땅을 팔아 회전율을 극대화할 수 있고, 시골 출신으로 시골 주민의 심리를 잘 알기 때문에 협상에도 자신이 있었다. 개찰 당일, 안타깝게도 감정가의 160%를 적어낸 다른 입찰자에게 낙찰이 돌아갔다. 경과를 지켜보니 낙찰자는 소유권을 이전한 지 한 달 열흘 만에 토지를 거주자에게 매도했다. 매매가는 24,000,050원이었다. 아, 아깝다 아까워.

자료 8-6. **등기부등본**

순위번호	등기목적	접수	등기원인	권리자 및 기타사항
5	소유권이전	2022년 2월 17일 제2813호	2022년 1월 17일 공매	소유자
6	3번가압류, 4번압류, 4-1번공매공고등기 말소	2022년 2월 17일 제2813호	2022년 1월 17일 공매	
7	소유권이전	2022년 3월 2일 제3590호	2022년 2월 26일 매매	소유자
				거래가액 금24,000,050원

(출처 : 인터넷등기소)

Tip **법정지상권 물건의 권리 분석**

법정지상권 물건의 권리 분석은 민법상의 법정지상권과 관습법상의 법정지상권으로 나뉜다.

민법상의 법정지상권이 성립하려면 토지에 저당권을 설정할 당시 이미 건물이 존재해야 했고, 토지와 건물의 소유자가 동일했던 순간이 있어야 한다. 나대지 상태에서 담보대출의 근저당권이 설정된 이후 건물을 짓게 되면 법정지상권은 성립되지 않는다.

토지에 저당권 설정이 없다면 관습법상의 법정지상권 성립 여부를 확인해야 하는데, 이때는 토지와 건물의 소유자가 동일했던 순간만 있으면 법정지상권을 취득한다.

PART

09

손품은 많이,
발품은 적당히

평범한 직장인이었던 나는 퇴사 후 본격적으로 부동산 투자에 뛰어들었다. 입찰에 참여한 경·공매 건수가 300여 건이 넘는데, 그중에서 임장하거나, 직접 법원에 입찰하러 가거나 혹은 매수인을 만났던 일은 열 손가락 안에 꼽는다. 특히 보상 물건은 인터넷 손품 몇 번만으로도 쉽게 투자할 수 있어 무척이나 선호한다. 나는 사무실도 따로 두지 않고 투자한다. 어디든 컴퓨터와 인터넷을 사용할 수 있는 곳이라면, 그곳이 곧 사무실이다.

직접 찾아가지 않아도 현장을 생생하게 볼 수 있는 로드뷰나, 현재는 물론 과거 상황까지 보여주는 위성지도 등의 사이트는 지도검색 서비스를 무료로 제공하고 있기 때문에 활용도가 높다. 웬만한 물건은 클릭 몇 번만 해도 파악할 수 있어 일일이 임장하지 않아도 된다. 그뿐만 아니라 국토교통부에서 제공하는 실거래가를 알려주는 디스코맵(disco.re), 밸류맵(valueupmap.com), 부동산플래닛(bdsplanet.com) 등을 이용하면 굳이 공인중개사에게 물어보지 않아도 부동산 시세를 확인할 수 있다(각 사이트에 대한 자세한 내용은 전작 《토롱령의 답이 정해져 있는 땅 투자》에 상세히 설명해뒀다). 예전에 한 공인중개사에게 시세를 문의한 적이 있었는데, 앞서 설명한 사이트를 보고 안내해주기도 했다.

나는 일의 효율을 상당히 중요하게 여기기 때문에 웬만하면 컴퓨터나 전화로 일을 해결한다. 현장을 직접 다니는 일은 시간과 비용 대비 여러모로 비효율적이다. 아침 일찍 집을 나서도 기껏해야 한두 군데를 둘러보고 오는 정도밖에 안 되는데, 그럴 바에야 내가 잘하는 방법으로 물건을 더 찾아보고 분석해보는 편이 훨씬 낫다. 물건을 많이 보면 볼수록 투자 기회가 더 많이 생기기 때문이다. 보상이나 매도에 얼마나 확신이 드는지, 투자금 대비 수익률은 적정한지, 자금 회전율이나 입찰경쟁률, 리스크 커버 수준은 어느 정도인지 따져보는 디테일한 선별 과정을 거치면 최소의 비용으로 최대 이익을 끌어낼 수 있는 물건을 발굴할 수 있다.

그렇다고 너무 손품에만 치중해서도 안 된다. 온종일을 투자하는 경우가 생기더라도 직접 확인해야 할 일은 눈으로 보고, 사람을 만나고 현장에 드나들어야 한다. 인터넷 정보에는 왜곡이 있기 마련이므로, 이를 걸러내지 못하면 별 효용이 없는 물건에 입찰하는 실수를 범하게 된다. 그러면 보증금을 포기해야 하거나 투자금이 장기간 묶이게 되는 불상사가 생기는데, 소액이라면 어떻게든 만회해볼 수 있겠지만 고액의 물건이 잘못되면 대책이 없다. 주위에 이런 경험을 한 사람들을 숱하게 봤고, 나 역시 투자 초기에 겪었던 일로 오랜 기간 마음고생을 했다.

발로 뛴
첫 투자

2015년은 전북 부안의 새만금 토지에 한창 빠져 있을 때였다. 경·공매 물건 위주로 투자하는 지금과 달리, 그때는 개발지 인근의 땅을 찾아다니면서 지역 공인중개사의 도움을 받고는 했다. 지역 토박이로 오랫동안 복덕방을 운영하던 한 소장님을 통해 부안 읍내 4차선을 끼고 있는 자연녹지 135평을 1억 4,000만 원에 매수했다. 직장생활만 하기에는 고용과 미래가 너무 불안했기에 일단 투자로 눈을 돌리기는 했으나, 고만고만한 월급쟁이에게 여윳돈이 있을 리 만무했다. 그래도 기왕 시작한 것이니 호기롭게 레버리지까지 동원해 나름 베팅을 한 셈이었다.

토지를 매입하고 얼마 지나지 않아, 뒤 토지 소유주에게 땅을 사고 싶다는 내용의 편지를 보냈다. 자연녹지는 건폐율이 20%인지라 면적이 135평이라도 건물은 27평밖에 짓지 못하는데, 나는 토지 입지를 보고 처음부터 카페나 음식점을 떠올렸다. 드라이브 스루나 주차를 생각하면 면적이 더 넓어야 했기 때문에 뒤 토지 140평이 필요했다. 편지를 보내고 며칠 후 뒤 토지 소유주의 배우자라는 사람에게서 전화가 왔다.

"거시기 묘지 여섯 구도 있고, 이거 이장도 해야 쓸 것인디 얼마나 줄 랑가요?"

"제가 앞에 있는 땅을 평당 103만 원에 샀습니다. 사모님네 땅은 맹 지니까 평당 60만 원 드릴게요."

"아이고, 고것은 안 되고 90만 원씩은 처주시오."

나는 그렇게는 합의할 수 없었다.

"사모님, 140평을 8,000만 원에 팔면 다른 데 괜찮은 임야도 수천 평 은 살 수 있어요. 거기에 조상님 모시면 안 되겠습니까?"

이에 상대는 됐다고, 없는 셈치고 안 판다며 매몰차게 거절했다.

뻔한 직장인 월급에서 매달 고정적으로 나가는 이자 40만 원은 여간 부담스러운 것이 아니었다. 토지는 장기 투자라고들 하던데, 내 급한 성 격은 1년이 지나자, 요동치기 시작했다. 그냥 작은 상가라도 지어야지 이대로는 안 되겠다 싶어 부안군청 옆의 건축사무소에 전화를 걸었다. 27평 정도의 상가를 지어 임대 놓으려고 하는데 설계비용이 어느 정도 인지 문의했다. 그러지 설계사기 히는 말인즉 이러했다. "요즘 새만금 때문에 땅값이 많이 오르긴 했으나 실제로는 외지인들이 땅만 사고 인 구 유입은 하나도 안 되고 있다. 새만금은 하나도 개발 안 되고, 읍내 상 가도 죄다 공실이고, 장사도 잘 안된다. 그러니 당장은 상가 지어서 임 대한다고 해도 임차인을 맞추기 힘든 실정이다." 나는 앞이 캄캄해졌 다. '괜히 투자한답시고 무리를 한 것이 아닐까?' 하는 생각이 들었다. 이런 내 마음을 알았는지 설계사가 땅을 팔 마음이 있냐며 은근히 말을 이었다. 옆 토지 소유주를 아는데, 이 땅을 마음에 있어 하는 것 같더라 며 혹시 팔 의향이 있으면 한번 소개해보겠다고 했다. 불행 중 다행이라는 생각에 그러자고 했고, 곧 1억 7,000만 원에 매매하기로 계약했다. 2,000만 원 정도 수익이 남았다.

거래가 성사된 지 보름이 지났을까 이 땅을 소개해준 복덕방 소장에게서 전화가 왔다.

"아직 그 땅 갖고 있지? 내 평당 150만 원에 팔아 줄게. 근처에 아파트가 들어선다는 소문이 있어서 말이지~."

아뿔싸! 조금만 더 기다렸으면 2억 원에 팔 수도 있었는데. 공부가 덜 된 상태에서는 직접 발로 뛰며 찾아낸 물건도 제값을 다 받지 못하기도 했다.

경매로
전향하다

땅을 팔고 1억 2,000만 원을 회수했다. 여전히 새만금 주변의 부동산 거래가 성황을 이루던 터라, 투자를 이어가고 싶었다. 일부러 여름 휴가를 부안으로 가기도 했다. 2008년 금융위기를 겪고 이를 회복하면서 여유가 생긴 중산층 사람들이 한창 해양레저 관광에 관심을 보이고 있었다. 변산반도를 끼고 있는 해안가 주변으로 펜션들이 줄줄이 들어서고 있었고, 개발이 한창이었다. 여행 중에도 오로지 부동산 투자로 돈을 벌어야겠다는 일념뿐이었다. 바다가 보이는 땅에 펜션 사업을 하면 회사 생활에 마침표를 찍을 수 있겠다는 희망찬 생각을 하며, 퇴근 후에도 항상 컴퓨터 앞에 앉았다. 로드뷰로 바다가 보이는 땅을 이곳저곳 돌려보면서 지주 작업이 가능한지 살펴봤다. 땅값은 비싸도 너무 비쌌다. 변산반도의 해안선을 끼고 있는 토지는 부르는 것이 값이었고, 최소 평당 100만 원 이상으로 출발했다. 바다가 연접한 땅은 평당 200~300만 원을 호가했다. 수중에 있는 돈으로는 어림도 없었다. 안 되겠다 싶어 경매로 매물을 찾아보기 시작했다.

오션뷰 토지를 사수하라

감정가 3억 1,405만 원이던 토지가 유찰로 가격이 반값이나 떨어졌다(자료 9-1). 이 물건을 보자 심장이 두근거렸다. 로드뷰로 물건 주변을 이리저리 돌려보니, 멀리 바다까지 보였다. 100% 내가 원하던 땅은 아니지만, 그래도 꽤 흡족했다. 어쩌면 꿈에 그리던 오션뷰 펜션 사업을 시작할 수 있을 것 같았다.

자료 9-1. **매각 물건 정보**

2016 타경 1329	**전주지방법원 정읍3계**				
담당계 (063) 570-1115			찜하기 메모 공유 인쇄 사진 인쇄 제보 오류신고		

소재지	전북 부안군 진서면 운호리 ▨▨▨ 외 1개 목록 [도로명 검색]				
물건종류	답	사건접수	2016.03.25	경매구분	임의경매
건물면적	0m²	소유자	윤OO	감정가	314,050,000원
대지권	2243m² (678.51평)	채무자	윤OO	최저가	(49%) 153,885,000원
매각물건	토지전부	채권자	정OO	입찰보증금	(10%) 15,388,500원

입찰 진행 내용 / **물건 사진** [사진 더 보기]

구분	입찰기일	최저매각가격	상태
1차	2016-08-22	314,050,000	유찰
2차	2016-09-26	219,835,000	유찰
3차	2016-10-31	153,885,000	낙찰

낙찰 173,220,000원 (55%)
(응찰 : 2명 / 낙찰자 : 송OO)
매각결정기일 : 2016.11.07 · 매각허가결정
대금지급기한 : 2016.12.13
대금납부 : 2016.12.12 / 배당기일 : 2017.02.16
배당종결 : 2017.02.16

종국결과	2017-02-16	0	배당

(출처 : 두인경매)

이전의 그 복덕방 소장에게 이 땅에 관해 물어보니 평당 15만 원이면 충분하다며, 낙찰받아 봐야 팔지 못하니 절대 매수하지 말라고 당부했다. 하지만 이미 나는 그 땅에 완전히 매료된 상태였다. 아니 사랑에 빠진 듯했다. 눈이 멀어버린 나는 소장의 충고를 무시하고, 현장에 가보지

도 않은 채 덥석 입찰을 결정했다. 여러 번 거래했던 부안의 법무사에게 대리입찰을 의뢰해 기어이 낙찰받았다. 입찰가로 1억 7,300만 원을 냅다 질렀는데, 그 정도면 평당 255,000원꼴이다. 도로에 접하는 바다 조망이 되는 땅이기에 그 정도 가치는 충분히 있다고 판단했다. 실투자금 5,000만 원에 1억 3,000만 원의 대출을 더해 소유권이전을 마쳤다. 1년 후 재감정을 해 5,000만 원의 추가 대출을 받았으므로, 다음 투자를 위한 돈은 다 회수한 셈이다.

낙찰을 받고 토지를 개발해보겠다는 의욕이 솟구쳤다. 지목은 '답'이지만 실제 경작을 하지 않아 잡초들이 무성했다. 깨끗하게 정리하고 저렴한 컨테이너를 놓아 농가형 펜션으로 만들어볼까? 아니면 3필지로 분할해서 주택을 지어 분양해볼까? 이런저런 생각을 하다 보니 기대에 차올랐던 처음과 달리 걱정이 앞섰다. 개발하려면 만만치 않은 추가 자금이 필요한 것은 물론이요, 또 막상 땅을 낙찰받고 보니 입지도 새만금 개발지와 거리가 많이 떨어져 있어 생각보다 수요가 적을 듯했다. 바다까지 조망 거리도 250m나 되어 날씨가 흐리거나 황사라도 끼면 오션 뷰는 턱도 없었다. 입찰 전에는 온갖 행복회로만 돌더니 이제 와 하나둘 문제점이 보이면서 만감이 교차했다. 더군다나 매달 갚아나가야 할 이자 비용도 부담으로 다가왔다.

팔아야만 한다

상황을 냉정히 되짚어 봤다. 펜션을 지어 보겠다는 의지는 충만했지만 거리, 비용, 입지 등을 따져봤을 때 여러모로 불리했다. 실제로 직접 건축을 해본 적도, 펜션을 운영해본 적도 없기 때문에 마음을 고쳐먹기로 했다. 아무리 생각해봐도 나보다 잘 개발할 수 있는 사람이나, 나보다 더 이 땅이 필요한 사람에게 매도하는 편이 나을 듯했다. 결심이 서자마자 현수막부터 주문했다. 인터넷에서 만 원을 주고 제작한 현수막과 노끈, 삽 한 자루를 차에 싣고 아침 일찍 길을 나섰다. 현장에 도착하고 보니 난장판이 따로 없었다. 전 주인이 인근에 농가형 주택을 개발하고 남은 폐기물을 태운 흔적이 있었다. 주위에는 마구 내버려진 쓰레기

(출처 : 필자 제공)

와 잡초만 무성했다. 현수막을 걸기 위해 땅을 파냈다. 꽁꽁 언 땅을 삽 한 자루로 파내기에는 역부족이었다. 찬바람이 부는데도 이마에서는 땀이 났다. 발품을 팔지 않은 결과인가 보다 했다.

땅을 판다는 현수막을 설치하자 한 달에 두세 번 정도는 문의 전화가 왔다. 바다 조망을 보고는 카페를 지을 수 있냐고 물어보는 사람들이 많았으나, 해당 땅의 용도지역이 생산관리지역인지라 군청 허가과에 직접 문의해보라는 대답밖에 할 수 없었다. 관청에 전화해보고 카페를 지을 수 없다는 답을 들어서인지, 어쩐지 사람들은 다시 연락하는 일이 없었고, 그로부터 몇 개월이 지나고는 아예 문의조차 없었다. 나중에 알고 보니 누군가 제멋대로 현수막을 뽑아버린 것이다.

펜션 주인에게서 연락이 오다

현수막을 없애버린 이는 다름 아닌 근처 펜션 주인이었다. 자신의 펜션 (자료 9-2의 ①)을 팔려고 그랬다며, 대뜸 토지의 이력에 대해 말했다.

자료 9-2. **낙찰받은 땅**

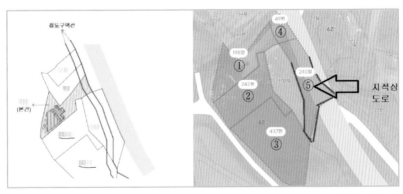

(출처 : 디스코)

자료 9-2의 ①, ②, ③번 토지는 원래 한 필지였다. 2014년에 임야였던 토지를 2,300만 원에 매수하고 개발하면서 3필지로 분할했다. ④에 연결된 도로를 이용해 ①번 토지에는 농어촌민박을 건축하고, ②, ③번 토지는 지목을 '답'으로 변경해 맹지로 만들어버렸다. 그러고는 소유주의 아들이 근저당을 설정해 고의로 경매에 넘긴 것을 내가 덥석 물어버린 것이다.

"그 땅은 내가 일부러 맹지로 만들어서 경매 붙인 거요. 내 땅 없으면 아무 건축도 못 하니까 내 펜션을 사야 할 겁니다."

펜션 주인은 엄청나게 고자세로 나왔다. 비록 매수에는 성급했지만 나도 손을 쓰는 중이었다. 익산국토관리청에다 ⑤번 쪽으로 가드레일을 열어 줄 수 있는지 이미 질의까지 해놓았다. 현 상태로는 맹지지만 지적도상 도로가 있기 때문에 도로 포장만 하면 맹지에서 벗어날 수 있는 상황이었다. 그래서 굳이 펜션 땅이 필요하지 않았다.

내가 매수에 응하지 않자, 펜션 주인은 현수막을 걸었던 자리에다 컨

(출처 : 필자 제공)

테이너를 가져다 놓았다. 다른 사람에게 땅을 못 팔게 압박할 요량으로 내 땅을 가려버린 것이다. 절대 이 땅을 낙찰받으면 안 된다던 복덕방 소장의 충고가 생각났다. '섣불리 행동한 대가를 톡톡히 치르는구나!' 컨테이너는 2년이 지나서야 치워졌다.

펜션 주인은 경매의 달인?
욕심이 화를 부른다

낙찰받지 말라던 땅을 낙찰받고 30개월의 시간이 흘렀다. 그 와중에도 새만금 개발지 주변의 땅을 꾸준히 지켜보고 있었다. 매각 물건을 검색하던 어느 날, 펜션 주인의 펜션이 경매에 올라온 것을 발견했다. 채권 최고액이 6,500만 원이었고, 채권자와 채무자의 성씨(姓氏)가 같은 것으로 봐서는 내가 당한 것과 똑같은 수법을 또 쓰고 있었다. 되어봐야 알겠지만, 아무튼 다른 사람이 주인이 되면, 기존 통로로 통행하는 데 마찰이 없을 수도 있어 나에게는 좋은 일이었다.

펜션의 감정가는 3억 4,000만 원이었으나 유찰이 반복되어 1억 8,600만 원에 최종 낙찰됐다. 그런데 어쩐 일인지 경매가 취하되어버린 것이 아닌가. 궁금증을 참지 못한 나는 펜션 주인에게 물어보기 위해 전화를 했다. 펜션 주인은 낙찰 금액이 최소 2억 원은 넘어야 하는데, 그에 미치지 못했다며 매각을 취하시켜버린 것이란다. 이전에 내가 낙찰받은 금액만으로도 이미 1억 5,000만 원을 벌었으면서 정말 대단하다고 생각했다.

자료 9-3. **펜션의 매각정보**

2018 타경 1385 　전주지방법원 정읍2계
담당계 (063) 570-1113

소재지	전북 부안군 진서면 운호리 ▉▉ [청자로 ▉▉] 외 2필
물건종류	주택	사건접수	2018.04.
건물면적	194.62㎡ (58.87평)	소유자	전OO
대지권	654㎡ (197.84평)	채무자	전OO
매각물건	건물전부, 토지전부	채권자	전OO

입찰 진행 내용

구분	입찰기일	최저매각가격	상태
1차	2019-01-21	340,599,310	유찰
2차	2019-02-25	238,420,000	유찰
3차	2019-04-01	166,894,000	유찰
4차	2019-05-13	116,826,000	낙찰

낙찰 186,000,000원 (55%)
(응찰 : 5명 / 낙찰자 : 청OO)

| 종국결과 | 2019-05-17 | 0 | 취하 |

2020 타경 1043 　전주지방법원 정읍1계
담당계 (063) 570-1112

소재지	전북 부안군 진서면 운호리 ▉▉ [청자로 ▉▉] 외 2개 목록
물건종류	주택	사건접수	2020.03.
건물면적	194.62㎡ (58.87평)	소유자	전OO
대지권	654㎡ (197.84평)	채무자	전OO
매각물건	건물전부, 토지전부	채권자	전OO

입찰 진행 내용

구분	입찰기일	최저매각가격	상태
입찰변경	2020-08-31	432,024,500	변경
1차	2020-10-12	432,024,500	유찰
2차	2020-11-23	302,417,000	유찰
입찰변경	2020-12-28	211,692,000	변경
3차	2021-01-18	211,692,000	유찰
4차	2021-02-22	148,184,000	낙찰

낙찰 167,000,000원 (39%)
(응찰 : 3명 / 낙찰자 : 석OO)
매각결정기일 : 2021.03.02 - 매각허가결정
대금지급기한 : 2021.04.09
대금납부 : 2021.04.06 / 배당기일 : 2021.05.06
배당종결 : 2021.05.06

(출처 : 두인경매)

　그렇게 또 2년이 지났다. 경매를 취하했던 펜션이 사건 번호를 새로이 달고 또다시 불건으로 능복됐다(자료 9-3의 우측). 이번에는 건물 일부를 증축해서 감정가가 이전에 비해 무려 1억 원이나 오른 4억 3,000만 원으로 평가됐다. 펜션 주인은 경매의 달인인가. 순간 그가 멋져 보이기까지 했다. 하지만 욕심이 지나치면 화를 면치 못한다고 했던가. 경매 결과는 참담했다. 증축으로 돈은 돈대로 더 쓰고, 시간도 더 끌었는데 낙찰가는 1억 6,700만 원으로, 오히려 2018년에 취하시켰던 낙찰가(1억 8,000만 원)보다 더 낮았다. 펜션 주인이 잔뜩 꾀를 냈지만, 이번에는 통하지 않았다. 그에 못지않게 똑똑한 사람들이 많았나 보다.

펜션 주인을 만나다

다른 일로 정읍지방법원에 변론하러 간 김에 펜션 주인과 만나기로 했다. 현수막과 컨테이너 일로 괘씸하긴 했지만 태연한 척 인사를 했다. 집과 거리가 멀어 땅 관리도 어려웠고, 여러모로 빨리 땅을 팔고만 싶었던 나는 어찌 됐든 그와 원만한 관계를 유지하려고 했다. 이때는 회사를 그만두고 전업 투자를 결심한 터라 물려 있는 이 땅 때문에 골머리를 앓고 있었다. 근처의 공인중개사무소에 매물로 내놓아도 잘 나가지 않았으니, 지푸라기라도 잡는 심정이었다. 펜션 주인과 통성명을 하고 주위에 땅 살 사람이 있으면 소개해달라며 정중히 부탁했다. 그에 대한 사례는 꼭 하겠다는 말도 빼먹지 않았다.

2022년 3월, 펜션 주인에게 연락이 왔다. 평당 35만 원에 땅을 팔아주겠다며, 임자가 나타났을 때 얼른 팔라고 했다. 나는 흔쾌히 좋다고 했다. 6년간의 마음고생이 드디어 끝나는가 했으나 그로부터 일주일이 지나고 한 달이 지났다. 매매가 성사되지 않으려나 하는 마음에 안달이 날 때쯤 매수자가 대출을 알아본다고 좀 늦어졌다며 끝전 몇백만 원을 깎아달라고 했고, 결국 5월 22일 2억 3,000만 원에 매매계약을 하고 마무리 짓게 됐다. 매수인은 펜션의 경매 낙찰자였다.

성향에 맞게 그러나 효율적으로

경매로 낙찰을 받고 매도하기까지 5년 3개월이라는 시간이 걸렸다. 이자 비용을 제하고 나면 약 3,000만 원의 수익이 났다. 레버리지를 사용해서 내 돈은 들어가지 않았지만, 시간 대비 수익이 형편없어 영락없이 실패한 투자로 꼽힌다. 실패한 투자를 반면교사 삼아 지금은 입찰 전에 신중히 따져보고 공부를 게을리하지 않는다. 내 성향에는 회전율이 높은 단기 투자가 더 잘 맞다는 것도 알게 됐다. 이런 일이 있고 난 후 손품에만 의지하지는 않지만, 그렇다고 불필요한 발품도 팔지 않는다. 시의적절하게 손품과 발품을 병행하며 꼭 필요한 경우에만 임장하러 다니며 현장 분위기를 익힌다.

매물 정보만 보고도 임장이 필요한지 아닌지 판단할 수 있으려면 많은 시행착오와 경험이 필요하다. 자신에게 맞는 투자법을 찾아야 하기 때문이다. 장기냐 단기냐 하는 기간의 문제뿐 아니라 물건 분석 방법에도 분명 자신에게 더 편한 방법이 있다. 콩나물 하나를 사더라도 직접 눈으로 봐야 속이 편한 사람에게 발품 대신 손품을 팔라고 하면 그는 투자 내내 불안에 떨 것이다. 반면 나처럼 경·공매에 필요한 사이트의 활용법을 꿰뚫고 있고, 어지간하면 전화나 인터넷으로 일을 해결하기가 편한 사람은, 직접 발로 뛰는 일이 체력적으로나 시간적으로나 여간 소모적인 것이 아닐 수 없다. 독자들도 성향에 맞는 투자를 하되 기왕이면 좀 더 효율적이게, 손품은 되도록 많이, 발품은 적절히 팔았으면 좋겠나.

손품의
달인

나는 물건을 검색할 때 일반 경·공매 사이트뿐만 아니라 법원의 파산 공매 게시판도 살핀다. 어느 날, 경기도 연천군의 잡종지 두 필지를 일괄 매각하는 파산 공매가 공고됐다. 연천군 미산면 광동리로 면적은 각각 13.6평(45㎡)과 212.6평(703㎡)이다. 공매는 5,000만 원부터 시작됐으나 여러 번 유찰되어 1,400만 원까지 떨어진 것을 1,510만 원에 낙찰받았다.

자료 10-1. **부동산 매매 계약서**

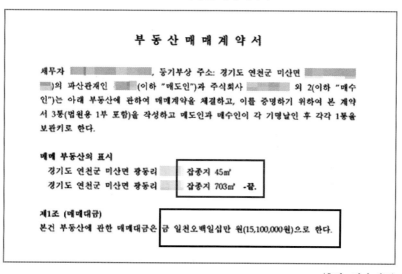

(출처 : 필자 제공)

낙찰받을 때 현장 답사는 하지 않았다. 경북에서 연천까지 가려면 차로 거의 4시간이 걸린다. 아침 일찍 출발해도 하루가 꼬박 걸리는데, 임장하지 않아도 물건을 충분히 살펴볼 수 있었고, 혹여 일이 잘 안 풀리더라도 걱정 없는 정도의 소액이었기에 손품만으로 처리했다. 참고로 연천은 군사분계선과 거리가 멀지 않아 우리나라 포털 사이트에서는 항공사진이 제공되지 않기에 구글지도(earth.google.com)를 이용해 위성사진을 봐야 했다.

이번 물건은 토지 외에도 메추리 사육장이 포함되어 있다. 파산 공매에서는 채무자 소유의 무허가 건물이 낙찰자의 소유로 넘어간다. 이는 파산 공매의 특성을 생각하면 이해하기 쉽다. 낙찰자에게 지장물이 인정되지 않으면 낙찰자는 채무자를 상대로 철거 소송을 진행할 수밖에 없는데, 그러면 가뜩이나 돈을 갚지 못해 파산한 채무자가 철거 비용까지 부담해야 하는 상황이 생긴다. 이런 사태를 막기 위해 파산 공매에서는 토지 위의 무허가 건물 및 지장물을 낙찰자가 소유하는 것으로 정하는 것이 일반적이다. 입찰서에도 '시설물 철거 등에 소요되는 비용은 매수인이 부담하며, 본 건 시설물 철거 등으로 인하여 발생하는 일체의 법적책임으로부터 매도인을 면책하고, 매도인에게 손해가 발생하는 경우 이를 배상하여야 한다'라고 명시되어 있다.

(출처 : 필자 제공)

따라서 이와 같은 사례에서는 원가를 계산할 때 땅값만 생각하면 안 되며, 반드시 사육장 철거 비용까지 계산해야 손해를 보지 않을 수 있다.

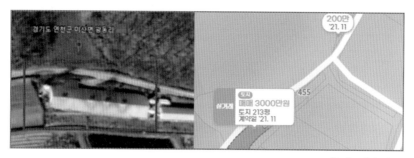

(출처 : 필자 제공)

주변 시세를 확인해보니 '답'은 평당 15만 원에서 20만 원으로 형성되어 있었고, 잡종지도 25만 원까지 거래됐다. 토지가 모두 236평이므로 최소 5,500만 원 정도의 가치가 있다고 보고, 철거 비용을 대략 2,000만 원으로 산정하면 토지 원가는 약 3,600만 원이다(취득가액+취득세+철거 비용). 그러면 1,900만 원 정도 수익이 나는데 수익금을 높이려면 아무래도 철거 비용을 얼마나 줄일 수 있을지가 관건이었다.

최대한 저렴한 철거 업체를 찾아야 했지만, 그것 때문에 연천까지 직접 갈 수는 없으니 인터넷 손품을 많이 팔아보는 수밖에 없었다. 연천군 철거 업체를 검색해 그중 한 업체에 연락했다. 철거 업체 사장은 정확한 견적을 내려면 현장에 가봐야 하는데, 현재 다른 데 일을 하고 있어 끝나고 가겠다고 했다. 그러면서 자신의 사무실은 의정부에 있지만 창고는 연천에 있다며, 혹시 사육장이 깨끗하면 창고로 임차하고 싶다는 말도 했다. 그 말에 나는 번뜩했다. 의정부나 파주는 땅값이 비싸 창고를 언으려면 임차료가 많이 들 테니 비교적 저렴한 연천에 창고를 세놓으면 필요한 사람들이 이용할 수도 있었다. 무조건 팔 것이 아니라 조금만 보수해서 임대를 놓는 방법도 있다는 힌트를 얻었다. 그러나 철거 업체 사장은 일주일이 지나도록 연락이 없었다.

성격이 급한 나는 마냥 기다리고만 있을 수 없어, 또 다른 철거 업체를 찾아 나섰다. 이번에는 '숨고' 사이트를 이용했다. '숨고(soomgo.com)'는 생활편의 플랫폼으로 필요한 분야의 전문가를 일회성으로 고용할 수 있다. 이렇게 다양한 플랫폼 덕분에 굳이 멀리까지 가지 않아도 대부분의 일 처리를 할 수는 있으나 간혹 예기치 않게 사기를 치는 경우도 있다고 한다. 반드시 서너 군데 비교 견적을 내보고 차이점이 뭔지 꼼꼼하게 잘 따져서 선별해야 한다. 대부분의 업체가 1,200~1,700만 원 선으로 견적을 내는 가운데 한 업체는 400만 원으로 충분히 가능하다고 했다. 법률해석같이 전문 소견에 따라 결과가 달라지는 일이나 특정 기술이 필요한 섬세한 작업에 관련된 일이라면, 다소 비싸더라도 제대로 검증이 된 업체를 선별해야 하지만, 철거하는 데는 기술석으로 큰 차이가 없어 당연히 가장 저렴한 업체로 선정했다.

임자는
따로 있다

철거 업체까지 다 찾아놨으니 이제 땅을 팔 일만 남았다. 지목이 잡종지라 법인명으로 낙찰을 받았기 때문에 양도소득세 문제로 2년 이상을 기다릴 필요가 없었다. 지역 공인중개사 몇 명에게 이야기하고, 부동산 직거래 사이트 '땅야(ddangya.com)'에도 매매가 4,000만 원으로 매물을 등록했다. 공인중개사 1명이 현장에 가보고는 이런 상태에서는 2,000만 원도 받기 힘들다며 시큰둥하게 말했다. 아직 철거되지 않은 상태였던 터라 메추리농장과 사료통이 그대로 있었기 때문이다. 당연히 보기에 좋은 땅은 가만히 놔두어도 알아서 팔릴 것이고, 공인중개사더러 땅을 사라고 한 것이 아니라 손님이 있으면 팔아달라는 것인데 굳이 왜 그런 이야기를 하는지 모르겠지만, 아무튼 그래도 땅임자는 따로 있었다. 주말농장을 찾던 30대 남자로, '땅야'에서 봤다며, 매물에 관심을 보였다. 농장을 깨끗이 철거해주겠다고 했더니 그보다는 가격 절충을 원했다. 업체는 소개해주되 철거는 매수자가 직접 한다는 조건에 3,400만 원까지 가격을 낮춰줬다. 그로부터 며칠이 지난 뒤에 다시 연락이 왔다. 조금만 더 절충해달라며 그리해주면 바로 계약하겠다고 했다. 3,200만 원에 매매할 것을 구두로 합의했다.

처음에 연락했던 의정부의 철거 업체는 일정이 바빴는지 한 달이나 지나서 현장에 방문했다. 내부에 자동화 시설이 생각보다 많고, 슬레이트 석면 지붕과 사료통 2개를 처리하는 폐기물 비용이 만만치 않다는 이유로 철거 비용이 1,500만 원은 된다고 했다. 시설이 너무 낙후되어 창고로 사용하지 못한다면서도 나에게 은근히 매매할 생각인지 물었다.

"혹시 이거 철거하고 땅 파실 거예요?"

"아, 네. 당연히 팔려고 그러지요."

"얼마에 팔 건가요?"

"최소한 3,400만 원은 받아야 안 되겠습니까?"

3,200만 원에 구두계약 한 것이 있으니, 가격을 조금 더 불렀다.

"에~이, 이거 철거 비용만 해도 거의 1,500은 들겠구먼, 직접 철거해도 원가는 많이 들어요. 한 3,000만 원 정도면 제가 살 의향은 있고요."

이미 가격을 더 주겠다는 계약자도 있고, 철거도 400만 원이면 할 수 있다는 것을 아는 나에게 그의 말은 하나도 설득력이 없었다. 더 들어볼 것도 없이 매매와 철거 의뢰 모두 없던 일로 하겠다고 말했다.

자료 10-2. **소유권변동연혁**

(출처 : 스마트국토정보)

2021년 9월 28일에 파산 공매로 낙찰받은 이 땅은 소유권이전 절차를 마치고 두 달 만인 2021년 11월 23일에 3,200만 원으로 매도를 완료했다. 경기도 연천에는 한 번도 가지 않고 모든 일을 컴퓨터 앞에서 다 처리했다. 이렇듯 오랜 경험이 쌓이면 물건 정보만 대충 봐도 직접 현장에 가야 할지 말아야 할지에 대한 판단이 비교적 명확하게 서게 된다.

그 후 이 땅은 어떻게 됐을까?

지목이 잡종지인 이 땅은 농지취득자격증명이 없어도 취득할 수 있었다. 또 농지가 아니다 보니 농막 설치에 대한 신고 부담도 면했다. 나이가 30대였던 매수자는 부부가 공동명의로 취득, 예쁜 컨테이너를 설치하고는 주말농장용으로 텃밭을 가꾸며 5도2촌*의 생활을 만끽하고 있다.

자료 10-3. **토지 현황**

(출처 : 카카오맵)

---

* 닷새는 도시에서 일하고 주말 이틀은 시골에서 보낸다는 뜻

임장은 선택,
매도는 필수

자료 10-4. **낙찰받은 땅의 주변 시세**

(출처 : 디스코)

경·공매로 주거용 물건에 투자할 때는 확인되지 않은 선순위 임차인이 있는지 주의해야 하나, 토지는 대부분의 등기부상 권리 하자(저당권, 지상권, 압류, 가압류)는 서류상으로 확인이 되어 말소 권리를 기준으로 소멸이 되냐, 되지 않느냐를 따지면 된다. 다만 토지에는 눈에 보이지 않는 하자가 있을 수 있다.

자료 10-4에서 파랗게 표시된 부분이 내가 낙찰받은 땅이다. 2차선 지방도 옆에 붙어 있는 계획관리지역은 가치가 있다. 비도시지역의 용도지역에서 계획관리지역은 웬만한 건물은 다 지을 수 있기 때문이다. 주변의 실거래 가격을 찾아보니 바로 뒤에 있는 토지가 2017년 12월에 평당 32만 원에 거래됐다. 매수자는 사천 시내에서 숙박업을 하는 사람이었다. 아래쪽으로 있는 땅도 근래에 평당 34, 35, 36만 원에 거래됐음을 확인했다. 대출 여부도 미리 파악했는데, 2금융권에서 최대 6,000만 원까지 가능하다고 했으니, 실투자금 2,000만 원 내외면 충분했다. 이번에도 나는 특기를 살려 현장에 가지 않고 손품만 열심히 팔아 낙찰을 받았다. 로드뷰로 토지와 도로의 높이를 가늠했다. 땅 꺼짐이 거의 없어 보였다. 감정가 2억 4,007만 원의 농지 758평을 7,589만 원에 내 소유로 만들었다. 무척이나 기분이 좋았다.

겨울방학을 맞아 딸아이와 함께 남해 독일마을로 향했다. 생각보다 볼거리가 많지 않아 간단히 점심만 먹고 인근을 조금 더 둘러본 다음 집으로 돌아가려고 했다가, 낙찰받은 땅이 독일마을에서 불과 얼마 떨어져 있지 않은 곳에 있기에 기왕 여기까지 왔으니 한번 둘러보기로 했다. 현장에 도착한 나는 놀라지 않을 수 없었다. 도로에서 토지 쪽으로 본 로드뷰 사진에는 크게 단차가 없었지만, 반대로 토지에서 도로 방면으로 바라보니 거의 덤프트럭 높이만큼 땅이 꺼져 있었다(자료 10-5).

(출처 : 필자 제공)

로드뷰는 카메라가 설치된 차량을 주행하면서 촬영하므로 사진에 왜곡이 생기기도 했다. 그런 사실을 간과하고 임장 한 번 하지 않고 8,000만 원에 가까운 돈을 투자했다니, 땅과 같이 내 마음도 꺼질 지경 이었다.

개발행위
허가를 받다

농지를 취득하면 최소 6개월은 지나야 개발행위를 할 수 있다. 농지 취득자격증명은 취득할 당시에 벌써 받아뒀고, 6개월 동안 가만히 있을 것이 아니라 무엇인가 액션을 취해야 했다. 먼저 수요를 가늠해보려고 땅을 매도한다는 푯말을 세웠다. 또 사천의 토목설계사무소에 연락을 취해 창고용으로 개발행위 허가신청을 했다. 취득 기간이 1년 미만이기 때문에 단순 농지로 매도하면 수익을 고스란히 양도소득세로 납부하게 될 것에 대비한 조치다.

푯말을 보고 일주일에 한두 번씩은 문의 전화가 왔다. 그중에 지역에 사는 새마을지도자라는 분에게서 전화가 왔다. 원래 본인 땅인데 예전에 판 것이라며 동생이 가축 사료용으로 수수 같은 것을 심고 있다고 했다. 땅을 얼마에 팔 것인지 묻기도 하며 이런저런 이야기를 하다가, 인근에 전원개발을 하는 건설업자가 있는데 그곳에서 흙이 많이 나오니 이참에 성토(盛土, 흙을 쌓음)를 해보는 것이 어떻겠냐고 제안했다. 마침, 성토 비용 때문에 이리저리 궁리하고 있던 차라 잘됐구나 싶었다. 도로보다 높이가 낮은 땅은 성토 비용을 생각하지 않을 수가 없는데, 예를 들

자료 10-6. 창고 부지 개발행위 허가 설계도면

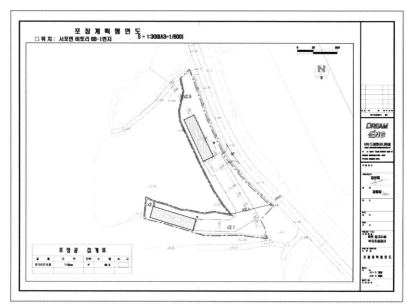

우수항공청 사천 개청! 대한민국 우주강국의 꿈! 청렴도시 경남 사천에서 실현됩니다.

사 천 시

Sacheon

수신 내부결재

(경유)

제목 건축신고에 따른 개발행위 허가 협의[▓▓▓▓▓▓▓▓]

1. 건축과-5188(2024. 8. 9.)호와 관련됩니다.

2. ▓▓▓▓▓▓▓▓▓(경북 칠곡군 왜관읍   )가 신청한 서포면 비
   토리 ▓▓ ▓▓▓▓▓ 상의 건축신고 건에 대하여 「국토의 계획 및 이용에 관한
   법률」 제57조(개발행위허가의 절차) 제2항에 따라 붙임과 같이 협의하오니 협의 조
   건 사항이 이행되도록 조치하여 주시기 바랍니다.

붙임 개발행위허가 협의조서 1부. 끝.

어 시세가 6,000만 원인 땅을 3,000만 원에 낙찰받았더라도, 성토비가 4,000만 원이 나오면 오히려 시세보다 비싸게 받은 셈이기 때문이다.

새마을지도자가 알아봐준 바에 의하면 1,500만 원이면 성토가 가능하다고 했다. 이 정도면 기존에 알아봤던 가격(아래 성토 비용)보다 훨씬 더 저렴한 편이다. 운이 좋았다. 혹여 성토 비용 때문에 고민인 독자라면 푯말이나 현수막으로 '흙 받습니다'라고 표시해두면 공짜로 받을 수도 있을 것이다.

성토 비용
① 성토 면적 구하기
　　토지의 면적(㎡) × 성토높이(m)
　　2,509 × 2 = 5,018㎡
② 덤프트럭 수 구하기(15t 덤프는 8㎡ 성토 가능함)
　　5,018㎡ / 8㎡ = 627대
③ 덤프트럭 비용 구하기
　　627대 × 6만 원 =3,762만 원
　　(덤프트럭 1대당 5~10만 원, 지역 편차 있음)
④ 포클레인 정지작업
　　1일 기준 50~80만 원

다행히 잘 해결되긴 했지만, 이번 투자에서 나는 임장하지 않아 곤란에 처할 뻔했다. 많은 사람들이 임장하러 다니며 토지의 상태를 확인하려고 한다. 나 역시 이와 같은 일을 다시 겪지 않으려면 다음부터는 무조건 임장해야 할까? 여전히 그렇지 않다는 생각이다. 앞으로도 가능하면 임장 없이 투자하는 법을 고수할 것이다. 입찰 전에 최대한 많은 경우의 수를 따져보고 감당이 가능한 정도의 금액으로만 투자하기 때문에 큰 부담이 없다. 이번 일도 예기치 못하긴 했지만, 해결책이 전혀 없지는 않았다. 땅 투자에서 진짜 위험 요소는 눈에 보이지 않는 곳에 파묻혀 있는데 아무리 임장하러 다닌다 한들 땅속까지 파헤쳐볼 수는 없는 노릇 아닌가. 눈에 보이는 리스크는 어느 정도 해결이 가능하기에 기왕이면 효율적으로 일하는 편이 더 낫다는 생각에 변함이 없다.

내가 살고 있는 아파트 뒤편에는 도시계획 도로가 공사 중이다. 2018년부터 시작해 당초 공사 기간을 3년으로 예상했으나 4년이나 더 걸려 진행되는 이유는 암석 때문이다. 전혀 예상치 못한 것은 아니었으나, 그 이상으로 암석이 많아 발파 과정에서 민원이 속출했다. 그나마 지자체 예산으로 진행되는 공사라 이만큼이나 지연되어도 감행할 수 있지, 사기업이나 개인이 임야를 개발하는 데 이런 일이 생긴다면 감당이 안 될 정도로 비용이 발생할 것이다. 간혹 개발 중에 나온 암석을 건축이나 조경업자에게 팔아 땅값보다 돌값으로 돈을 더 버는 경우도 있다 하니, 하늘이 부너져도 솟아날 구멍은 있나 보다.

첫 단추를
잘못 끼우면

기획 부동산 회사의
빛과 그림자

　신도시나 산업단지 개발 등의 계획이 발표되거나, 발표되기 직전의 일대 토지들은 기획 부동산 회사의 먹잇감이 되기 좋다. 기획 부동산 회사는 개발지 인근 토지를 주변 시세보다 좀 더 비싼 값으로 매수한다. 그러고는 각종 인센티브로 고수익을 올릴 수 있다는 말로 구인 광고를 내 텔레마케터를 모집한다. 학력, 전공, 나이, 경력 무관에 돈까지 많이 준다니 부동산의 '부' 자도 모르는 40~60대 주부나 20대 후반의 미취업자들이 많이 지원한다. 기획 부동산 회사는 우선 직원들에게 황금빛 미래를 제시한다. 교육을 핑계로 황무지 같은 곳이 화려한 빌딩이 가득한 거대 도시로 변하는 영상을 반복해 보여주는데, 사실 이 땅은 모두 잘게 쪼개 맹지가 된 땅이거나, 개발제한구역의 땅 또는 개발이 불가능한 임야다. 거의 세뇌 수준으로 교육을 들은 직원들은 이 모든 거짓 정보가 진실인 줄 알고, 주변 지인에게 투자를 권유한다. 마치 시중에는 없는 고급 정보를 알려주는 양하며, 부자가 될 기회를 주는 좋은 일을 한다고 생각하기도 한다. 개중에는 자신도 있는 돈 없는 돈을 다 끌어다가 기획 부동산 회사의 땅을 사는 이도 있고, 악질 기획 부동산 회사는 직원들에게 먼저 선점할 기회를 준다며 투자할 것을 강요하기도 한다.

기획 부동산 회사의 꼬임에 넘어간 사람들을 만나보면 자신이 사기당한 줄도 모르고, 계속해서 그들의 말을 맹신하며 좀처럼 꿈에서 헤어 나오지 못하는 경우도 있다. 이런 행태가 나쁘긴 하지만 땅을 투자하는 입장에서 기획 부동산 회사를 역으로 이용해 그들이 작업하는 일대를 살펴보면 개발지를 찾아낼 수 있다. 기획 부동산 회사에서 작업을 한 땅은 네모반듯하고 잘게 쪼갠 모양이라 지적도를 보면 금방 알아볼 수 있다.

2008년 6월 8일, 예천군 호명면과 안동시 풍천면 일대가 경북도청 이전 예정지로 결정이 되면서 일대 땅값이 천정부지로 치솟았다. 지역주민들은 신도시로 외부 인구가 유입되어 지역경제가 활성화되기를 바랐지만, 안타깝게도 호재는 오래 가지 않았다. 예천읍 내의 군민과 안동 시내에 거주하는 주민 일부가 신도시로 이주했을 뿐, 큰 일자리가 창출되지 않아 인구 유입은 미미했다. 기대에 미치는 효과가 없자 신도시 인근의 부동산 거품도 꺼지기 시작했다. 땅값은 개발구상 단계와 발표 직후에 급등세를 보이며 활발하게 거래된다. 어느 정도 시간이 지나면 잠잠해지다가 착공 단계가 되면 또나시 약간의 상승기를 거치고, 개발이 완료되면 매기는 오히려 사그라든다. 특히 지방의 단발적인 개발 호재일수록 이런 현상이 두드러지는데, 만약 시기를 잘못 타서 투자하면 고전을 면치 못하게 된다.

자료 11-1에 보이는 임야는 감정가 5,449,200원을 시작으로 공매가 진행됐다. 면적이 216평이므로 평당 25,300원밖에 되지 않았다.

2020-17313-001		입찰시간 : 2021-05-31 10:00~ 2021-06-02 17:00			조세정리팀(☎ 1588-5321)
소재지	경상북도 예천군 예천읍 우계리 □지도 □지도 주소복사 (도로명주소 :)				
물건용도	토지	감정가	**5,449,200 원**	재산종류	압류재산(캠코)
세부용도	임야	최저입찰가	(100%) 5,450,000 원	처분방식	매각
물건상태	낙찰	집행기관	한국자산관리공사	담당부서	대구경북지역본부
토지면적	717㎡ (216.892평)	건물면적		배분요구종기	2021-05-17
물건상세	임야 717㎡				
위임기관	울산세무서	명도책임	매수인	조사일자	0000-00-00
부대조건					

• 입찰 정보(인터넷 입찰)

입찰번호	회/차	대금납부(기한)	입찰시작 일시~입찰마감 일시	개찰일시 / 매각결정일시	최저입찰가
0044	021/001	일시불(30일)	21.05.31 10:00 ~ 21.06.02 17:00	21.06.03 11:00 / 21.06.07 10:00	5,450,000
				낙찰 : **6,612,000원 (121.32%)**	
0044	022/001	일시불(30일)	21.06.07 10:00 ~ 21.06.09 17:00	21.06.10 11:00 / 21.06.14 10:00	4,905,000
0044	023/001	일시불(30일)	21.06.14 10:00 ~ 21.06.16 17:00	21.06.17 11:00 / 21.06.21 10:00	4,360,000
0044	024/001	일시불(30일)	21.06.21 10:00 ~ 21.06.23 17:00	21.06.24 11:00 / 21.06.28 10:00	3,815,000
0044	025/001	일시불(30일)	21.06.28 10:00 ~ 21.06.30 17:00	21.07.01 11:00 / 21.07.05 10:00	3,270,000
0044	026/001	일시불(30일)	21.07.05 10:00 ~ 21.07.07 17:00	21.07.08 11:00 / 21.07.12 10:00	2,725,000

(출처 : 옥션원)

　자료 11-2의 ①번 땅이 공매로 나온 토지다. 기획 부동산 회사에서 면적이 넓은 임야를 매입해 여러 필지로 분할해 비싼 값에 매도하고 남은 땅이다. 이 땅을 ②, ③번 지주에게 팔면 어떨까 하는 생각에 조사를 해봤다. 읍내의 중심 상업지로부터 3km 내외에 소재하고, 경북도청과의 거리도 17km밖에 되지 않아 접근성이 아주 좋았다. 산자락이지만 지대가 마을보다 조금 더 높고, 전면에 농지가 펼쳐져 있어 시야에 가리는 것 하나 없이 한눈에 마을 전경이 잘 보였다. 전체 면적 216평에

자료 11-2. **기획 부동산 회사가 작업한 땅**

(출처 : 디스코)

주거지역과 자연녹지가 혼재되어 있어 건폐율 또한 잘 나왔다. 전체적으로 토지 모양이 길쭉하게 생겼으니 자료 11-2에 표시한 부분은 진입로로 사용하고, 주거지역에는 근생시설이나 단독주택을 지어도 괜찮을 것으로 생각했다. 결정직으로 ②, ③번 땅은 맹지라서 땅 주인이 개발하려면 공매 토지가 꼭 필요했다. 주변 시세를 확인해보니 주거지역의 농지가 평당 35만 원에 거래됐다. 입찰가를 확실하게 높여 적기로 했다.

1등보다 더 높은
입찰가

　개찰일이 되어 온비드로부터 카톡이 왔다. 입찰가로 900만 원이나 적어 냈으니 이 정도면 당연히 내가 낙찰자가 됐을 것으로 여기고, 메신 저를 열어 봤다. 개찰 결과 입찰이 무효 처리됐다는 메시지였다. 낙찰이 안 됐으면 그만이지 입찰 자체가 무효가 됐다는 것은 뭘까? 나는 곧바로 입찰 내용을 확인해봤다. 서류 미제출이 무효 사유였다. 온비드 공매 는 공인인증서로 전자 입찰하는 방식이라 서류를 제출할 필요가 없는데 오류가 생긴 듯했다. 더 웃긴 것은 입찰은 무효가 됐는데 차순위 매수신고는 또 가능하다고 하니, 뭐가 잘못되어도 단단히 잘못된 것 같았다. 최고 낙찰자의 입찰가는 6,612,000원이었다. 900만 원을 적은 내가 차순위가 되는 어처구니없는 일이 생겨버렸다.

　나는 즉각 공매 담당자와 통화해 개찰 결과에 문제가 있음을 알리고, 이를 바로잡도록 했다. 비단 이번 사건뿐만이 아니다. 관리 담당자가 실수로 유찰 금액의 단위를 잘못 설정하는 바람에 1등이 되고도 소유권 이전을 가져오지 못했던 적도 있었다. 공매를 관리하는 직원도 사람이 기 때문에 가끔 이런 해프닝이 벌어진다. 따라서 입찰 결과를 잘 살펴보

자료 11-3. **입찰 내용**

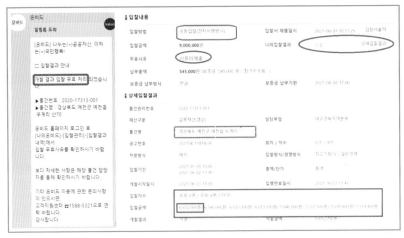

(출처 : 온비드)

자료 11-4. **차순위 매수신청서**

공매재산의 차순위 매수신청(신고)서

▌**공매재산의 차순위 매수신청(신고)서**

관리번호	2020-17313-001	개찰일자	2021-06-03 11:00
공매(매각)예정가격	5,450,000원	최고가 매수신청가격 (최고입찰가격)	9,000,000원
		차순위 매수신청 (신고)가격	9,000,000원
매각결정기일	2021-06-07 10:00		
공매보증금	545,000원	보증금납부기한	2021-06-07 10:00
매각재산	경상북도 예천군 예천읍 우계리		

(출처 : 온비드)

고 이의가 있으면 바로 정정하도록 요구해야 한다. 이의 제기를 한 후
개찰 결과를 정정한다는 안내문을 받아 드디어 최고가 매수자로 결정

됐다. '그러면 그렇지!' 하지만 이때까지만 해도 몰랐다. 되찾아온 이 땅이 나를 얼마나 힘들게 할지….

자료 11-5. **공동입찰신청에 대한 정정사항 안내문**

1. 귀하의 무궁한 발전을 기원합니다.

2. 아래 부동산에 대한 2021.6.3. 제21회 압류재산 공매물건 개찰 당시 무효 처리 된 귀하의 공동입찰신청이 유효한 것으로 정정되었으며, 귀하를 최고가 매수신청인으로 결정하여 매각 결정할 예정임을 안내드립니다.

3. 아울러, 불편과 혼란을 초래하게 된 것에 대하여 사과 말씀을 드리며 차후 동일한 문제가 발생하지 않도록 전산시스템 개선 등 개선방안을 적극 마련할 예정이오니 널리 혜량하여 주시기 바랍니다.

아   래

가. 공매 부동산의 표시

관리번호	소재지	지목	비고
2020-17313-001	경상북도 예천군 예천읍 우계리	임야	

나. 입찰내역

입찰자 성명	입찰가격	계약보증금	비고
㈜토지이야기(손정■),	9,000,000원	545,000원	

한국자산관리공사 대구경북지역본부
본부장

소유권을 이전하고 '땅야(ddangya.com)'에 매매가 3,000만 원으로 매물을 내놓고 인근 지주에게도 땅을 매매한다는 편지를 보냈다. 곧 전화가 왔다. 현장에 가보고 다시 연락한다던 문의자에게서는 아무런 소식이 없었다. 낙찰받은 땅 바로 앞에 있는 농지를 소유하고 있던 할머니에게서도 전화가 오긴 했지만, 땅을 살 마음은 없어 보였다. 이후로도 매매를 물어오는 이가 없었다.

파묘요~

　　자료 11-2의 ②번 땅의 소유주는 울산에, ③번 땅의 소유주는 경기도에 거주했다. 우리 땅을 매수해가기를 권하는 내용의 우편물을 토지 소유주들에게 발송했으나 폐문부재로 송달되지 않았다. 이들에게 땅을 팔아야겠다고 생각했는데 낭패였다. 예상컨대 3,000만 원 정도면 ②, ③번 땅 소유주들이 우리 땅에 충분히 메리트를 느낄 수 있는 가격이긴 하나, 한편으로는 기획 부동산 회사에 속아 워낙 비싸게 땅을 샀기 때문에 투자를 후회하며 부동산에 대한 관심 자체가 사라져버렸을 수도 있는 일이었다. 이번 투자를 함께한 지인도 울산에 살기에 ②번 땅 소유주를 직접 찾아가봤다. 주소는 상가 건물이었는데, 문이 열려 있는 가게 몇 군데를 들러 소유주의 행방을 물어봤지만 아무도 모른다고 했다. 그러던 중 1층의 공실 상가에 붙어 있던 임대문의 연락처를 봤다. 혹시나 하는 마음에 지인이 전화를 해봤더니 다행히도 ②번 땅 소유주의 부친이라는 것이 아닌가. 아들의 행방을 물으니 상가 주차장에서 주차 관리를 한다고 알려줬다. 지인은 신이 나서 주차장에 내려가봤지만, 자리에 없었다. 다시 부친에게 전화해 아들의 연락처를 알아냈다. 그러나 막상 통화가 된 소유주는 도리어 자기 땅 300평을 평당 30만 원에 사가라고 말했고, 협상은 제대로 시작도 하지 못한 채 결렬되고 말았다.

시간은 흘러 어느덧 1년이 지났다. 낫 한 자루를 구입해 들고 현장을 살폈다. 여름철 임야는 풀이 무성하고 벌레가 많아 무장이라도 하듯 긴 팔 옷을 단단히 챙겨 입고 갔다. 들고 간 낫으로 풀을 쳐가며 땅 중심에 도착했을 때 나도 모르게 '헉!' 소리를 내고 말았다. 관리되지 않은 묘가 3구나 있는 것이 아닌가. 임장 없이 손품만 팔았더니 또 이렇게 생각지 도 않은 상황과 맞닥뜨리게 됐다. '이를 어찌한다?' 1년이 더 지나 공동 으로 투자한 동생과 함께 다시 현장을 찾았다. 이번에는 낫이 아니라 분 묘 이장 푯말을 만들어 들고 갔다. 곧 추석이 다가오니 혹시 누군가는 찾아오는 이가 있지 않을까 하는 마음이었다.

(출처 : 필자 제공)

그로부터 얼마 떨어지지 않은 곳에 몇 가구가 있는 것을 보고, 동생은 이 집 저 집을 돌아다니며 묘지 주인의 행방을 수소문했다. 낙찰받은 토 지에서 가장 가까이에 있는 집에 들렀다.

"계십니까? 계십니까?" 한참 기척을 낸 뒤에야 머리카락이 희끗희끗하게 새 60대 중후반으로 보이는 어르신이 나왔다. 분묘에 관해 물어보니 전혀 아는 바 없다고 했다. 몇 집을 더 둘러봐도 낮이라 사람도 없었거니와, 있어도 묘지 주인을 안다는 사람이 없어 이내 포기하고 말았다.

"그만하고 가자. 혹시 추석에 벌초하러 누가 오면 푯말 보고 연락하겠지."

"형님 저기 저 집에 한 번만 더 가볼게요."

조금 떨어진 곳에 40대로 보이는 아주머니가 있었다.

"연세 많은 동네 어르신도 모르는데 저 아주머니가 우찌 알겠노. 그냥 집으로 가자. 푯말 박느라 되다."

"그래도 모르니까 마지막으로 가보고 올게요. 좀 쉬고 계세요."

그러더니 혼자 터벅터벅 걸어갔다. 그 집 아주머니와 뭐라고 이야기를 나누고 돌아온 동생은 드디어 묘지 주인 연락처를 알아냈다며 좋아했다. 포기하지 않고 마지막 집에 가본 것이 신의 한 수라며 나도 기뻐했다.

집으로 돌아오는 차 안에서 곧바로 묘지 주인에게 전화를 걸었다. 그집 며느리라는 사람이 전화를 받아 묘와 관련해서는 시아버지와 이야기하라고 바꿔줬다. 어르신께 묘를 이장하든지 아니면 1,800만 원에 우리 땅을 매수하시라고 말씀드렸다. 원하던 수익금액은 아니었지만, 현장 상태로 봐서는 잘못 낙찰받은 것이 확실했기 때문에 빨리 팔고 나와야 한다는 생각이 앞섰다. 그래서 제시한 가격이 1,800만 원이었다. 묘지 3구를 이장하는 비용만 해도 최소 500만 원 이상은 생각해야 하므로 그 정도면 충분히 매수할 것이라고 판단했다. 시간이 지나도 친척들과 상의를 해보겠다던 어르신의 회신이 없자 답답한 나머지 또 이쪽에서 먼저 연락을 취했다. 묘를 관리한다던 어르신의 배우자는 땅은 못 사겠고 대신 이장을 할 테니 도로 이장비 500만 원을 달라고 요구했다. 우리도 이장비를 줄 수 없으며, 묘지가 있으면 땅 주인에게 오히려 지료를 내도록 법에서 정해놓았다는 사실을 알렸다.

"묘지 이장비 다 받을 수 있는데 와 안 준다카노? 내가 바보인 줄 아는 갑제? 그카믄 마 법대로 하소!"

하는 수 없이 '분묘 철거 소송'을 진행했다. 어르신은 분묘 이전과 지료 지급에 관한 소장이 송달되고 나서야 '이장할 테니 한 달만 시간을 더 달라'고 했다. '아, 이게 아닌데….' 이장 비용이나 땅 가격이나 같으니 차라리 우리가 낙찰받은 금액에 땅을 가져가라고 설득해봤지만 끝내 이장할 것을 주장했다. 묘지 주인과의 분쟁은 분묘 소송으로 들어간 법 비용 60만 원을 받는 것으로 끝났다.

쿨거래
합시다

3,000만 원에 '땅야'에 내놓았던 것을 매매가 2,000만 원으로 수정해놓고도 1년이 더 지났다. 괜히 개찰에 정정까지 해가며 낙찰받는 바람에 원치도 않게 장기 투자를 하는 격이었다. 그러던 어느 날, 낯선 번호로 전화가 왔다. 땅야에 내놓은 매물을 사고 싶은데 길은 있냐고 묻길래, 구거 점용 허가를 받으면 된다고 말했다. 알아보고 연락을 준다더니 두 달 넘게 답이 없었다. 이제는 그러려니 했다. 그에게서 다시 연락이 왔다. 매수하려는 사람은 자기가 포클레인을 가지고 있으니 직접 개간할 수는 있으나 산자락이라 비용이 만만치 않게 든다고 말했다. 그러면서 가격 절충을 좀 해주면 좋겠다고 하기에 시원하게 1,800만 원으로 낮춰줬다. 대신 계약금 200만 원을 입금하라고 하자 그건 또 좀 그렇다며 우선 20만 원만 보내겠다고 했다. 이튿날, 또 전화가 왔다.

"아이, 계약금 버렸네…."

다른 하자를 운운하며 말끝을 흐리는 말투에서 나는 그의 의도가 다른 곳에 있음을 단박에 알아차리고는 단도직입적으로 말했다.

"사장님, 그냥 더 깎아달라는 말씀이죠?"

"아, 예. 저야 그렇죠, 뭐."

"그럼 그렇게 합시다. 200만 원 더 빼드릴게요. 그러면 하실랍니까? 그 이상은 저도 안 되고요."

"아휴. 그러지요. 그카면 사지요."

"매매 금액 1,600만 원에 하시고요. 이번에는 확실하게 계약금 180만 원 보내주세요."

개찰 오류부터 분묘 철거 소송까지 한 애물단지 같던 땅을 3년 만에 다른 사람 손에 넘기고 나자, 속이 시원했다. 처음부터 일이 잘 안 풀리는 것은 계속 속을 썩인다. 따지고 보면 기획 부동산 회사에서 작업하고 남은 땅을 임장도 해보지 않고 낙찰받은 내 잘못이 크다. 투자 초기에는 이러기도 했다.

12

강 따라~ 물 따라~
하천 투자

이번 장은 하천 투자에 대한 이야기다. 하천에 포함된 토지는 아무리 사유지라도 국가나 지방자치단체가 공법으로 개발행위를 제한하기 때문에 마음대로 건물을 짓거나 형질 변경을 하지 못한다. 또한 국가하천, 지방하천 1·2급, 소하천으로 구분되어, 지방하천이 국가하천으로 승격되면 보상은 받을 수는 있으나, 승격되는 시기는 알 수가 없어, 특히 더 주의가 필요하다. 지금부터 어떤 하천에 투자해야 하는지 주의 사항은 어떤 점들이 있는지 하나하나 알아보자.

하천구역 매수청구

우선 하천은 도시계획시설 중 방재시설로 분류가 된다. 하천구역으로 지정되기 전부터 이미 소유했거나, 그런 땅을 상속받았다면 하천구역 매수청구 제도를 이용할 수 있다. 이 법령은 기존에 토지를 보유하고 있던 소유자만이 청구할 수 있는 제도이므로 '이런 것도 있구나' 하는 정도로만 알아두자.

하천법 제79조(토지 등의 매수청구)
① 하천구역(지방하천의 하천구역은 제외한다)의 결정 또는 변경으로 그 구역 안의 토지, 건축물, 그 밖에 그 토지에 정착된 물건(이하 "토지 등"이라 한다)을 종래의 용도로 사용할 수 없어 그 효용이 현저하게 감소한 토지 등 또는 그 토지 등의 사용 및 수익이 사실상 불가능한 토지 등(이하 "매수대상토지 등"이라 한다)의 소유자로서 다음 각 호의 어느 하나에 해당하는 자는 하천관리청에 그 토지 등의 매수를 청구할 수 있다. 〈개정 2016. 1. 19., 2020. 6. 9.〉
1. 하천구역의 결정 당시(법률 제5893호 하천법개정법률 제2조제1항제2호가목부터 다목까지의 규정에 따른 하천구역을 이 법에 따른 하천구역으로 결정하는 경우에는 2008년 4월 7일을 말한다) 또는 변경 당시부터 해당 토지 등을 계속 소유한 자
2. 토지 등의 사용 · 수익이 불가능하게 되기 전에 그 토지 등을 취득하여 계속 소유한 자

3. 삭제 〈2016. 1. 19.〉

4. 제1호 또는 제2호의 자로부터 그 토지 등을 상속받아 계속 소유한 자

② 하천관리청은 제1항에 따라 매수청구를 받은 토지 등이 제3항에 따른 기준에 해당하면 그 토지 등을 매수하여야 한다. 〈신설 2016. 1. 19.〉

③ 제1항에서 종래의 용도로 사용할 수 없어 그 효용이 현저하게 감소한 토지 등 또는 그 토지 등의 사용 및 수익이 사실상 불가능한 토지 등의 구체적인 판정기준은 대통령령으로 정한다. 〈개정 2016. 1. 19.〉

[제목개정 2016. 1. 19.]

하천 정비사업에 편입된 토지 투자하기

자료 12-1. **매각 물건 정보**

2022-10906-001		입찰시간 : 2023-05-30 10:00~ 2023-05-31 17:00		조세정리팀(☎ 1588-5321)
소재지	전라북도 완주군 소양면 죽절리 □□□□ [D 지도] [D 지도] [주소복사] (도로명주소 :)			
물건용도	토지	감정가	24,313,710 원	재산종류	압류재산(캠코)
세부용도	임야	최저입찰가	(50%) 12,157,000 원	처분방식	매각
물건상태	낙찰(공유자매각결정)	집행기관	한국자산관리공사	담당부서	전북지역본부
토지면적	467.5714㎡ (141.44평)	건물면적		배분요구종기	2023-03-06
물건상세	임야 467.5714㎡				
위임기관	은평세무서	명도책임	매수인	조사일자	0000-00-00
부대조건					

• 입찰 정보(인터넷 입찰)

입찰번호	회/차	대금납부(기한)	입찰시작 일시~입찰마감 일시	개찰일시 / 매각결정일시	최저입찰가
0004	015/001	일시불(30일)	23.03.20 10:00 ~ 23.03.22 17:00	23.03.23 11:00 / 23.04.03 18:00	24,314,000
0004	016/001	일시불(30일)	23.04.03 10:00 ~ 23.04.05 17:00	23.04.06 11:00 / 23.04.17 18:00	21,883,000
0004	017/001	일시불(30일)	23.04.17 10:00 ~ 23.04.19 17:00	23.04.20 11:00 / 23.05.02 18:00	19,452,000
0004	018/001	일시불(30일)	23.05.02 10:00 ~ 23.05.03 17:00	23.05.04 11:00 / 23.05.16 18:00	17,020,000
0004	019/001	일시불(30일)	23.05.15 10:00 ~ 23.05.17 17:00	23.05.18 11:00 / 23.05.30 18:00	14,589,000
0004	020/001	일시불(30일)	23.05.30 10:00 ~ 23.05.31 17:00	23.06.01 11:00 / 23.06.13 18:00	12,157,000

낙찰(공유자매각결정) : **12,300,000원 (101.18%)**

(출처 : 옥션원)

다음으로 알아볼 것이 보상 토지다. 매년 자연재해가 반복되고, 지구 온난화로 인한 기상 이변이 빈번해지고 있다. 하천이 있는 지역은 강의 범람으로 침수 피해가 생기기도 하는데, 이를 줄이고 예방하는 차원에서 국가나 지자체는 하천 공익사업을 계획해 이를 고시 및 공고한다. 공익사업에 편입되는 하천 주위의 사유지는 지자체에서 보상함으로써 매입하기 때문에 이런 물건을 잘 살펴보도록 한다.

자료 12-1의 전북 완주군의 지분 141평이 공매로 나왔다. 토지이용

자료 12-2. 토지이용계획확인원

(출처 : 토지이음)

계획확인원을 보니 자료 12-2와 같이 파란색 실선으로 지방 2급 하천
이라고 표기되어 있었다. 정보공개(open.go.kr) 청구로 수양천 하천 정비
사업이 진행되는 것을 확인했다(자료 12-3).

자료 12-3. 하천정비사업 공고

수양천 하천정비사업

사업인정에 관한 주민 및 이해관계인 의견 청취 및 토지출입 변경 공고

「**수양천 하천정비사업**」 시행에 따른 사업인정과 관련하여 『공익사업을 위한 토지
등의 취득 및 보상에 관한 법률』 제9조(사업 준비를 위한 출입의 허가 등) 및
제10조(출입의 통지)에 따라 토지출입을 공고하며, 같은법 제21조(협의 및 의견청취 등)
제2항 및 같은 법 시행령 제11조(의견청취 등)에 따라 사업인정에 관한 토지소유주
및 이해관계인 등의 의견을 청취하고자 아래와 같이 공고하오니, 의견이 있으신
분이나 단체 등은 열람기간 내에 서면으로 의견서를 제출하여 주시기 바랍니다.

2023년 02월 16일

완 주 군 수

1. 사업개요

1) 사업의 목적 : 인근 농경지 침수피해 방지 및 주민 생명과 재산을 보호
2) 사업의 종류 : 지방하천 정비 (지방하천 제방축제 및 호안정비 등)
3) 사업의 명칭 : 수양천 지방하천 정비사업
4) 사업의 기간 : 착공일로부터 36개월
5) 사업의시행지의 위치 및 규모

사 업 명	사업예정지(위치)	사업량	사업시행자	비 고
수양천 하천 정비사업	완주군 소양면 신교리, 죽절리 일원	제방보강 L=2.90km 교량 4개소 보 및 낙차공 3개소	전라북도	

6) 사업시행자의 성명 및 주소 : 전라북도 (전라북도 전주시 완산구 효자로 225, 전라북도청)

(출처 : 완주군청 홈페이지)

번호	구분	소재지	지번	지목	지적 면적 (㎡)	편입 면적 (㎡)	소유자 성명	소유자 주소	관계인 성명	관계인 주소	권리	비고
10	당초	소양면 죽절리		임	3,273	1,257		전주시 완산구 효자동 *가				
	변경	소양면 죽절리		임	3,273	1,257		전주시 완산구 효자동 *가				6/14
								광주광역시 서구 금호동 ***_**				2/14
								서울시 강남구 압구정동 ***				2/14
								전주시 완산구 전동 *가 **	**보증 보험주 식회사	서울 종로구 연지동	가압류	2/14
									한국** 관리공 사	서울 강남구 역삼동 ***	가압류	
									국민** 보험공 단전주 부지사		압류	
									**세무 서		지분압류	
									**세무 서장		압류	
									은*구		지분압류	
								서울시 은평구 신사동 **_**				1/14
								경기도 용인시 수지구 상현로				1/14

(출처 : 완주군청 홈페이지)

　　지목이 '임야'지만 오래전부터 '전'으로 이용이 되고 있었고, 전체 면적 3,273㎡ 중 1,257㎡만 사업에 편입됐다(자료 12-4). 토지 전부가 공익사업에 편입되어 보상받는 것이 제일 좋지만, 산여시도 나름의 이점이 있다. 땅 옆에 없던 도로가 생기면 그만큼 가치가 올라가기 때문이다. 이번 물건은 공유자가 있기 때문에 낙찰을 받고 나면 공유자에게 팔거나 공유물 분할 소송을 해야 하는데, 하천공사로 인해 진출입이 자유로워졌고 모양도 네모반듯한 것이 분할에 용이할 것 같았다. 현물 분할은 말할 것도 없고, 현금 분할을 하려면 지분 전체를 경매에 부쳐야 하는데 이런 땅은 누구나 탐낼 법한 땅이기 때문이다.

　　공매 토지는 2,430만 원에서 50%까지 유찰됐다. 입찰가 1,230만 원으로 내가 최종 낙찰자가 됐지만, 공유자 우선 매수 신청으로 끝내 소유권을 갖고 오지는 못했다. 이번 공매는 아쉽게 됐지만 잘 찾아보면 이런 보상 토지가 또 있기에 크게 연연하지는 않았다.

미지급용지 투자와
잔여지

자료 12-5. **매각 물건**

(출처 : 디스코)

    춘천지방법원 영월 2계 사건 번호 2018타경20519의 토지는 3필지가 일괄로 경매에 나왔다. 공익사업은 2013년에 이미 완료됐으나, 당시 토지 소유주의 사정으로 보상금을 받지 못해 하천 미지급용지가 됐다. 자료 12-5의 3필지 중 ②, ③번 토지만 하천에 편입됐으며, 경매감정가는 21,536,600원이었다. 경매 이력을 살펴보니 2,210만 원으로 1회차에 낙찰받았다가 낙찰자가 잔금 납부를 포기해 다시 경매에 나오게 됐다. 지금 같으면 3, 4회차까지 유찰이 되고 난 다음에 입찰하겠지만, 이 때만 해도 빨리 성과를 내야 한다는 조바심이 있었다. 인근 하천의 경매 낙찰 사례를 찾아보니 2회차에 낙찰을 받아 가는 경우도 있어 나도 2회 차 경매에 응찰했다. 1,541만 원에 단독으로 입찰해 낙찰받았다. 3필지 중 2필지만 보상되기 때문에 보상금액과 낙찰가에는 별 차이가 없었다. 약간의 이득을 보고 나서 나는 남은 한 필지를 평당 8만 원에 매물로 내 놓았다. 소액이라 그런지 몇몇 사람들이 관심을 보였지만 현장을 가보 고는 이내 연락을 끊었다. 땅 높이가 제방보다 3m 정도 낮았기 때문이 다. 문의만 하고 거래로 이어지지 않는 일이 몇 번이나 반복되자 매도 금액을 평당 6만 원으로 낮췄다. 어느 날, 평당 4만 원이면 매수하겠다 는 이가 나타나 수익을 조금만 보고 팔아버렸다.

만약 이 토지가 공익사업 중이던 2013년에 경매로 나왔다면 잔여지 매수청구 기준에 해당해 땅 전체가 보상됐을 텐데, 이미 공익사업이 완 료된 이후라 청구 기준에 부합되지 않는다. 혹 관심 있게 지켜보던 토지 가 공익사업에 편입되고 남은 땅이라면, 잔여지 매수청구 기준에 해당 하는지 꼭 확인하기를 바란다.

자료 12-6. **잔여지 매수 기준**

잔여지 매수 기준

■ **적용범위**

1. 동일소유자에 속하는 **일단의 토지**[*] 중 일부가 편입되고 남는 잔여지 매수의 판단은 아래 기준에 의함

 [*]일반적인 이용방법에 의한 객관적인 상황이 동일한 연접하는 여러 필지의 토지

---

2. **특수한 사정**[*]이 있는 경우에는 용지매수대책위원회에서 결정할 수 있도록 함

　[*] 위치, 지역특성, 공단사업 편입 전 면적대비 잔여면적, 주변여건 등 구체적인 사실관계
　에 따라 의사결정이 필요한 사항

■ 공통기준
1. 동일한 소유자의 토지가 연접하여 일단의 토지로 이용되고 있는 경우는 잔여지 매수 판단 대상에서 제외
2. 잔여지 매수결정 시 잔여지상의 지장물 일괄 보상

■ 지목별 기준
▶ 대지
1. 건축법시행령에서 정하는 대지의 분할제한 면적 이하의 토지

　단, **지자체별로 조례**[*]로 정하여진 경우는 그에 따름

　　[*] (예) 대구/대전 주거지역 대지 분할제한 90㎡

- 주거지역 : 60제곱미터
- 상·공업지역 : 150제곱미터
- 녹지지역 : 200제곱미터
- 기타지역 : 60제곱미터

2. 대지의 분할제한 면적초과 토지
- 형상의 부정형 등으로 건축물을 건축할 수 없거나 건축물의 건축이 현저히 곤란한 경우
　- (건축이 현저히 곤란한 부정형 판단기준) 형상이 사각형은 폭 5m 이하, 삼각형은 한 변의 폭이 11m 이하인 경우, 이외의 형상은 잔여지에 내접하는 사각형 또는 삼각형을 도출하여 판단
　- 부정형 토지 형상 유형(예)

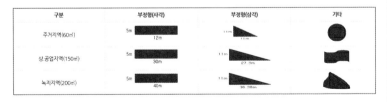

- 철도건설로 인하여 진·출입 차단 등으로 대지로서 기능 상실이 인정되는 토지(단,

대체시설의 설치 시 제외)

▶ 전(田)/답(沓)/과수원(果樹園)
1. 농경지 활용이 곤란하다고 인정되는 최소면적 토지 : 330㎡ 이하
2. 최소면적(330㎡ 이하) 초과 토지
 • 농지로서 농기계의 진입과 회전이 곤란할 정도로 폭이 좁고 길게 남거나 부정형 등
   으로 영농이 현저히 곤란한 경우
   – (영농이 현저히 곤란한 부정형 판단기준) 형상이 사각형은 폭 5m 이하, 삼각형은 한
     변의 폭이 11m 이하인 경우, 이외의 형상은 잔여지에 내접하는 사각형 또는 삼
     각형을 도출하여 판단
   – 부정형 토지형상 유형(예)

구분	부정형(사각)	부정형(삼각)	기타
전/답/과(330㎡)	5m / 66.1m	11m / 60.1m	대지와 동일

 • 철도건설로 인하여 진·출입 차단 등으로 대지로서 기능 상실이 인정되는 토지(단,
   대체시설의 설치 시 제외)

▶ 잡종지(雜種地)
잔여면적, 위치, 형태, 용도지역, 이용상황 등을 고려하여 종래의 용도대로 이용함이
사실상 어렵다고 인정되는 토지로 하되, 대지기준을 준용 또는 참작

▶ 임야(林野)
1. 경제적 가치가 현저히 적다고 인정되는 최소면적 토지 : 330㎡ 이하
2. 최소면적(330㎡ 이하) 초과 토지
   – 공부상 면적과는 달리 깎기, 지반고저 등으로 급경사 또는 하천으로 둘러싸여 고립
     되는 등 진·출입이 불가능하여 토지로서 이용가치가 상실되었다고 인정되는 토지

▶ 기타의 토지(도로/구거/목장 등)
1. 경제적 가치가 현저히 적다고 인정되는 최소면적 토지 : 330㎡ 이하
2. 최소면적(330㎡ 이하) 초과 토지
   – 잔여면적, 위치, 형태, 용도지역 등을 종합적으로 고려하여 종래 목적대로 사용
     함이 현저히 곤란하다고 인정되는 토지

(출처 : 국가철도공단 토지보상시스템)

잔여지, 무조건 매수청구하지는 말자

자료 12-7의 2018타경2570⑵ 충남 공주시의 토지는 총면적 185㎡ 중 일부 57㎡만 소하천 공익사업에 편입됐다. 소하천 구역선 안에 편입된 토지를 공주시청이 이미 2필지로 분할해놓은 상태였다. 단독입찰로 입찰가 4,650,100원에 낙찰을 받았다.

자료 12-7. **매각 물건 정보**

2018 타경 2570(2)	대전지방법원 공주1계					
담당계 (041) 840-5742			찜하기 메모 공유	인쇄 사진 인쇄 제보 오류신.		

소재지	충남 공주시 신풍면 봉갑리 ▒▒ [도로명검색]			
물건종류	답	사건접수	2018.11.15	경매구분	임의경매
건물면적	0㎡	소유자	리00	감정가	6,475,000원
대지권	185㎡ (55.96평)	채무자	신00	최저가	(70%) 4,533,000원
매각물건	토지전부	채권자	김00	입찰보증금	(10%) 453,300원

입찰 진행 내용

구분	입찰기일	최저매각가격	상태
1차	2019-06-03	6,475,000	유찰
2차	2019-07-08	4,533,000	낙찰

낙찰 4,650,100원 (72%)
(응찰 : 1명 / 낙찰자 : 이00)
매각결정기일 : 2019.07.15 - 매각허가결정
대금지급기한 : 2019.08.16
대금납부 : 2019.08.14 / 배당기일 : 2020.01.07
배당종결 : 2020.01.07

답

416-22전

잔여지 부분 매수청구 여부

(출처 : 두인경매)

앞선 사례와 달리 공주의 매각 토지는 자료 12-6의 잔여지 매수청구 기준을 충족했고, 따라서 낙찰받은 지 한 달 만에 전체 면적에 대한 보상금 7,011,500원을 수령할 수 있었다. 잔여지 매수청구 기준을 몰랐다면 57㎡만 보상된다고 판단해 응찰하지 않았을 것이다.

그렇다면 잔여지는 무조건 매수청구를 해야 할까? 그렇지 않다. 잔여지도 그 쓰임에 따라 달리 전략을 짜야 한다. 내 땅이 도로 개설 공익사업에 속한다면 이 도로가 고속도로인지, 지방도인지 혹은 도시계획시설 도로인지에 따라 다르게 대응할 수 있다.

예를 들어 공익사업이 고속도로라면 잔여지가 별 쓸모가 없기 때문에 매수청구를 하는 것이 맞다. 도시계획도로에 편입되고 남은 땅이라고 생각해보자. 잔여지로 인해, 뒤 토지가 맹지가 되는 일이 생길 수 있지 않겠는가.

이런 경우라면 잔여지 매수청구로 보상을 받기보다 뒤 토지 소유주에게 잔여지를 매도하는 것이 훨씬 낫다. 그러니 '잔여지=매수청구'라고 공식처럼 생각하지 말고 항상 다양한 방법을 연구하고 알아두는 것이 좋다. 이는 비단 잔여지뿐 아니라 모든 토지의 매도 전략에 해당한다.

감정가 유추해보기

다음은 2014년에 하천 공익사업이 완료됐으나 아직 사유지로 남아 있던 땅이 경매에 나온 경우다. 자료 12-2와 같이 토지이용계획확인원을 확인해보면 하천 또는 소하천 구역 도시계획시설에 편입이 되어 있는지 알 수 있다. 이후 정보공개 청구나 관할관청 하천과에 문의해 미지급용지 여부를 확인한다.

지목이 하천인 731㎡의 토지 전체가 하천구역에 편입되어 있었다. 주변 필지를 확인해보니 2014년에 이미 영주시청으로 소유권이 이전됐다. 공익사업이 완료된 미지급용지라는 느낌이 왔지만, 확실히 하기 위해 정보공개 청구로 문의했고 '풍기 금계천 산법교 하천 정비 공사'

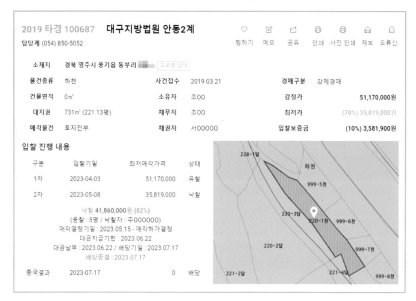

(출처 : 두인경매)

에 편입된 토지라는 답을 들었다. 2회차 경매에 응찰할 것을 염두에 두
되 우선 보상금액을 유추해봤다.

감정평가서의 인근 평가 선례를 살펴보면 자료 12-9와 같이 인근 토
지의 보상단가를 알 수 있다. 감정평가서에는 지번이 비공개 처리된다.
동부리 9#으로 되어 있는 것을 디스코맵에서 풍기읍 동부리 91, 95,
97…, 동부리 101-4, 102-4…와 같은 식으로 입력해보면 하천에 편입
된 토지를 알 수 있다. 좀 번거롭긴 하지만 인근 사례를 통해 보상금액
을 어느 정도 유추할 수 있어야 적절한 가격으로 입찰할 수 있으니, 수
고를 마다하지 말자.

기호	소재지	지목	용도지역	토지단가 (원/㎡)	평가 목적	기준시점
1	풍기읍 동부리 1##	전	자연녹지	114,000	경매	2018.03.30
2	풍기읍 동부리 1##-1	전	자연녹지	63,000	담보	2017.02.06
3	풍기읍 동부리 1##-4	답	자연녹지	121,500	보상	2015.04.15
4	풍기읍 동부리 9#	하천	자연녹지	59,950	보상	2014.05.14

(출처 : 두인경매)

　　보상평가를 할 때 미보상용지의 이용 전 상황이 도로면 인근 대지의 1/3수준으로 적용한다. 그렇기 때문에 하천도 1/3로 적용하는 것으로 아는 사람들이 많은데, '특별조치법에 따른 하천편입토지의 감정평가'에 따르면 우선 도시지역과 비도시지역으로 구분한 뒤 농경지인지 아닌지, 물이 계속 흐르는지 아닌지에 따라 보상비율이 다르다.

자료 12-10. **특별조치법에 따른 하천편입토지의 감정평가**

> **토지보상평가지침 제39조**(특별조치법에 따른 하천편입토지의 감정평가)
> ② 특별조치법 제2조에 따른 대상토지에 대한 편입당시의 지목 및 토지이용상황(하천관리청의 하천공사에 따라 하천구역으로 된 경우에는 하천공사 직전의 이용상황) 또는 비슷한 인근토지의 적정가격을 알 수 없거나, 인근지역 또는 동일수급권 안의 유사지역에 있는 표준적인 이용상황과 비슷한 토지의 표준지공시지가를 기준으로 감정평가하는 경우에서 그 용도가 다른 것에 따른 개별요인의 비교 등이 사실상 곤란한 경우 등에는 가격시점 당시의 현실적인 이용상황을 기준으로 다음 표에서 정하는 기준에 따라 감정평가할 수 있다. 다만, 하천구역으로 된 이후에 하천관리청의 하천공사나 하천점용허가에 따라 현상변경이 이루어져 가격시점 당시의 현실적인 이용상황이 하천구역으로 된 당시보다 뚜렷하게 변동된 것으로 인정되는 경우에는 이용상황의 판단이나 일정비율을 적용할 때 고려할 수 있으며, 대상토지가 도시지역 안에 있는 경우로서 인근 토

지가 순수농경지로 인정되는 경우에는 도시지역 밖의 일정비율을 적용할 수 있다.

구분 이용상황별		일정비율	
		도시지역 안	도시지역 밖
농경지(전, 답 등)		인근 토지에 대한 적정가격의 2분의 1 이내	인근 토지에 대한 적정가격의 10분의 7 이내
제방	제외지 측과 접한 부분이 농경지인 경우	인근 토지에 대한 적정가격의 2분의 1 이내	인근 토지에 대한 적정가격의 10분의 7 이내
	제외지 측과 접한 부분이 농경지가 아닌 경우	인근 토지에 대한 적정가격의 4분의 1 이내	인근 토지에 대한 적정가격의 3분의 1 이내
둔치		인근 토지에 대한 적정가격의 4분의 1 이내	인근 토지에 대한 적정가격의 3분의 1 이내
모래밭·개펄		인근 토지에 대한 적정가격의 7분의 1 이내	인근 토지에 대한 적정가격의 5분의 1 이내
물이 계속 흐르는 토지		인근 토지에 대한 적정가격의 10분의 1 이내	인근 토지에 대한 적정가격의 7분의 1 이내

③ 제1항 및 제2항에서 "인근 토지"란 해당 토지가 하천구역으로 되지 아니하였을 경우에 예상되는 하천구역 밖 주변지역에 있는 표준적인 이용상황과 비슷한 것으로서 용도지역 등이 같은 토지를 말한다. 다만, 대상토지가 도시지역 안에 있는 경우로서 하천구역 밖 주변지역에 있는 표준적인 이용 상황과 비슷한 토지가 용도지역 등을 달리하거나 용도지역 등이 같은 경우에도 주위환경 사정 등에 비추어 인근지역으로 볼수 없는 경우에는 동일수계권역 등 동일수급권안의 유사지역에 있는 표준적인 이용상황과 비슷한 토지를 인근 토지로 본다. 이때에는 인근 토지의 적정가격 결정 시에 지역요인의 비교를 통하여 지역격차를 고려하여야 한다.

(출처 : 한국 부동산원)

경매 토지(자료 12-11)는 풍기읍의 자연녹지지역으로 도시지역에 해당하고, 인근 토지와 접한 부분은 농경지이므로 자료 12-10에 의거 인근 토지의 1/2로 평가함이 마땅하다.

자료 12-11. **경매 토지 항공사진**

(출처 : 카카오맵)

2023년에 진행된 경매의 사건 번호가 2019로 시작한다는 것은 2019년에 경매에 부쳐야 했으나 어떤 사유로 지연이 됐다는 것을 말한다. 이런 사건의 감정평가서를 살펴보면 재감정 없이 종전평가대로 경매를 진행하는 경우가 있다. 이 토지 역시 2019년의 감정평가 금액을 그대로 적용했음을 알 수 있었다(자료 12-12). 4년이 지났으니 표준지 공시지가도 올랐을 것이고, 현시점으로 수정해 감정하면 보상금을 더 받을 수 있을 것으로 예상했다.

자료 12-12. **2019년 감정평가 당시의 공시지가**

토지가액 결정

기호	비교 표준지		시점수정	지역요인	개별요인	그 밖의 요인	산출단가 (원/㎡)	적용단가 (원/㎡)
	기호	공시지가						
1	가	39,600 44,900 변경	1.01123	1.00	0.599	2.90	69,561	70,000

(출처 : 옥션원)

동부리		6,945.0	답	45,300 평가기초자료	빌라 북측인근	전 자연녹지	읍소재지내 농경지대	세로 (가)	부정형 평지

(출처 : 부동산 공시가격 알리미)

2019년 경매감정 시의 공시지가는 39,600원이었다. 이를 2023년도 공시지가 44,900원으로 계산을 해보자. 보상금액 계산법에 시점수정을 적용하는 법도 있으나 그동안의 보상 사례를 봤을 때 큰 차이가 없었으니 기존대로 적용했다.

- 공시지가 × 시점수정 × 지역요인 × 개별요인 × 그 밖의 요인 = 산출단가
  44,900 × 1,01123 × 1.00 × 0.599 × 2.90 = 78,871원
- 산출단가 × 토지면적 = 보상가격
  78,800원(71원 절삭) × 731(㎡) = 57,602,800원

이렇게 보상금액을 따져본 나는 망설일 것 없이 입찰에 참여했다. 입찰가 41,860,000원으로 낙찰받아 6개월 후에 보상금 57,456,600원을 수령했다. 예상했던 보상가와 14만 원밖에 차이가 나지 않았다.

보상 기간을 따져보자

2023년 11월, 감정가 782만 원의 토지를 650만 원에 단독으로 입찰해 낙찰받았다. 2010년 영산강 상류 배수문 공사에 편입된 토지인데, 당시 보상금보다 토지 소유주의 채무가 더 많아서 수령하지 못한 건이었다. 낙찰을 받고 바로 영산강 유역 환경청에 보상을 청구해 6개월 만에 1,215만 원을 받았다.

자료 12-14. **매각 물건 정보**

2022-10256-002			입찰시간 : 2023-10-23 10:00~ 2023-10-25 17:00		조세정리1팀 (☎ 1588-5321)	
소재지	전라남도 담양군 금성면 원율리 　　 ▣지도 ▣지도 주소복사 (도로명주소 :)					
물건용도	토지		감정가	7,820,000 원	재산종류	압류재산(캠코)
세부용도	전		최저입찰가	(80%) 6,256,000 원	처분방식	매각
물건상태	낙찰		집행기관	한국자산관리공사	담당부서	광주전남지역본부
토지면적	170㎡ (51.425평)		건물면적		배분요구종기	2023-09-04
물건상세	전 170㎡					
위임기관	광주세무서		명도책임	매수인	조사일자	0000-00-00
부대조건						

• 입찰 정보(인터넷 입찰)

입찰번호	회/차	대금납부(기한)	입찰시작 일시~입찰마감 일시	개찰일시 / 매각결정일시	최저입찰가
0043	028/001	일시불(30일)	23.09.18 10:00 ~ 23.09.20 17:00	23.09.21 11:00 / 23.10.05 18:00	7,820,000
0043	029/001	일시불(30일)	23.10.10 10:00 ~ 23.10.11 17:00	23.10.12 11:00 / 23.10.23 18:00	7,038,000
0043	030/001	일시불(30일)	23.10.23 10:00 ~ 23.10.25 17:00	23.10.26 11:00 / 23.11.06 18:00	6,256,000
				낙찰 : 6,500,000원 (103.9%)	
0043	031/001	일시불(30일)	23.11.06 10:00 ~ 23.11.08 17:00	23.11.09 11:00 / 23.11.20 18:00	5,474,000
0043	032/001	일시불(30일)	23.11.20 10:00 ~ 23.11.22 17:00	23.11.23 11:00 / 23.12.04 18:00	4,692,000
0043	033/001	일시불(30일)	23.12.04 10:00 ~ 23.12.06 17:00	23.12.07 11:00 / 23.12.18 18:00	3,910,000

일련번호 1)　　　일련번호 1)

(출처 : 옥션원)

이 외에도 다수의 하천을 낙찰받아 보상금을 지급받았다. 하천 보상 투자 시 미지급용지 여부 확인과 함께 꼭 알아봐야 할 것이 보상 기간이다. 지자체마다 배정된 예산과 대기 순번이 모두 다르기 때문에 감정가와 더불어 보상 소요 기간이 얼마나 되는지 가늠해보고 입찰해야 한다. 예를 들어 1,000만 원에 낙찰받아 1,200만 원을 보상받는 데 3년이나 걸렸다면, 은행 이자로 따지면 연 6.6%에 불과한 수준이다. 이 정도라면 위험부담이 낮은 은행 예·적금에 묶어두는 편이 더 나을지도 모른다.

하천 보상감정평가는 공인 감정평가사도 어려워하는 분야다. 자료 12-10에 보이듯 도시지역 안과 도시지역 밖의 보상평가가 다르고, 이용 상황에 따라 감정을 달리하기 때문이다. 꾸준히 물건을 찾아보고 지자체에 질의응답을 많이 해보는 수밖에 없다. 주의 사항만 잘 지키며 투자하면 머지않아 하천 투자로 좋은 성과를 거둘 수 있을 것이다.

하천 공익사업이 완료된 미지급용지는 각별히 주의하자

경기도와 경상남도에서는 대법원 판례를 이유로 하천 미지급용지에 보상을 지급하지 않으니 주의해야 하나(자료 12-15, 자료 12-16), '용자불구(勇者不懼, 용기 있는 자는 두려움이 없다)'라고 아주 방법이 없는 것은 아니니 투자를 원하는 독자가 있다면 제시하는 방법대로 도전해보시길…. 나의 경우 굳이 하고많은 물건을 두고 위험부담을 안을 필요가 없어 해당 지역의 하천 미지급용지는 투자하지 않는다.

우선 하천을 낙찰받을 때는 아무리 저렴하더라도 무턱대고 낙찰받아서는 안 되고 채무자를 만날 수 있다는 전제하에 신중하게 입찰을 결정해야 한다. 경기도와 경상남도의 하천 미지급용지 손실보상금은 기존 채무자로부터 손실보상을 양도·양수해 승계권을 받아야 하기 때문이다(이때 승계 양식은 지자체마다 다르며, 양식이 없는 경우가 허다하다. 간혹 자유롭게 작성해 오라고 말하기도 한다). 또한 토지의 전체 면적 또는 대부분이 공익사업에 편입된 토지여야 한다. 이를 유념하고 다음 순서에 따르도록 하자.

① 토지이음으로 토지가 하천이나 소하천 구역으로 편입되어 있는지 확인한다.

② 지방자치단체에 미지급용지가 맞는지 확인한다.

③ 미지급용지가 맞으면, 경매의 경우 채무자에게 경매 진행 통지서가 송달되었는지 확인해야 한다. '송달 완료'나 '송달 간주'로 확인되더라도 경매계에 직접 전화해 채무자에게 직접 송달이 됐는지 반드시 확인해야 한다. 송달이 안 됐음에도 불구하고 순조롭게 경매를 진행하기 위해 '송달 간주'로 표기하는 경우가 있기 때문이다. 공매라면 캠코 담당자에게 전화해서 현재 채무자의 주소로 송달됐는지 확인한다.

④ 입찰에 참여해 낙찰됐다면, 법원에 가서 채무자의 초본을 등사한다.

채무자에게 경·공매 진행을 알리는 서류가 직접 송달됐다는 사실은 해당 주소로 찾아가면 채무자를 만날 가능성이 높다는 뜻이다. 손실보상을 승계받으려면 못해도 한두 번 이상은 만나야 하므로 거주 여부를 확인하는 일이 무척이나 중요하다. 만약 빠른 진행을 위해 공시송달을 시켜 경·공매 사건이 진행된 것이라면, 아무리 많이 유찰된 하천 미지급용지라도 포기하는 것이 좋다.

"함께 만드는 완전히 새로운 경남"

경 상 남 도

수신 수신자 참조

(경유)

제목 경·공매로 소유권 이전된 지방하천 미지급용지 보상관련 안내

1. 평소 지방하천 미지급용지 보상 업무 협조에 감사드립니다.

2. 하천공사 편입토지를 경·공매로 취득한 자에 대한 손실보상청구권을 불인정하는 대법원 판결에 따라 **향후 지방하천 미지급용지 보상 대상 검토 시 대법원 판결을 적용하여 경·공매로 소유권이 이전된 토지에 대해서는 보상이 불가함**을 알려드리니,

3. 각 시·군에서는 지방하천 미지급용지 보상 신청 및 조사서 작성 시 등기사항전부 증명서를 열람하여 소유권 이전 사항을 반드시 확인하여 주시기 바랍니다.

4. 아울러, 토지를 경·공매로 취득한 자가 이전 소유자에게 손실보상청구권을 양도받았다고 볼 근거가 있는 경우 현 소유자가 손실보상청구권을 행사할 수 있으므로 구체적 사실관계 검토 후 보상대상 여부를 결정 할 계획임을 알려드립니다.

붙임 판결문 1부. 끝.

경 상 남 도 지 사

수신자 창원시장(하천과장),진주시장(건설과장),통영시장(건설□□□□□□□□□과장),김해시장(하천과장),밀양시장(안전재난관리과장),거제시장(도시재생과장),양산□□□□□□□□□□평군수(안전관리과장),함안군수(건설교통과장),창녕군수(안전치수과장),고성군수(□□□□□□□□□□(재난안전과장),하동군수(안전총괄과장),산청군수(안전건설과장),함양군수(건설교통과장),거창군수(건설과장),합천군수(안전총괄과장)

주무관   하천계획담당   하천안전과장   전결 2020. 1. 30.

협조자 주무관

시행   (2020. 1. 30.)   접수   (2020. 1. 31.)
우 51154   경상남도 창원시 의창구 중앙대로 300, 하천안전과 (사림동)   / http://www.gyeongnam.go.kr
전화번호   팩스번호   /   / 부분공개(6)

언제 어디서나 24시간 온라인으로 문서제출 "문서24"

(출처 : 필자 제공)

새로운 경기, 공정한 세상

경 기 도

새로운 경기
공정한 세상

세계속의 경기도

수신 수신자 참조

(경유)

제목 경매 등 소유권 변동 토지 지방하천 미지급용지 보상관련 안내

2. 하천공사 편입토지를 경매로 취득한 자에 대한 손실보상청구권을 불인정하는 대법원 판결에 따라 지방하천 관리청의 하천공사 시행 이후 경매·공매로 소유권이 변동된 토지에 대하여는 보상이 불가함을 알려드리오니,

3. 각 시·군에서는 '2019년 지방하천 미지급용지 보상 수요조사서'에 등재된 **경매·공매로 소유권이 변동된 토지는 보상대상에서 제외(기존 신청자 포함)**하여 주시기 바랍니다.
   ✧ 향후 감정·측량 의뢰 전 등기부등본을 열람하여 경매·공매 등 취득원인 반드시 확인

[지방하천 미지급용지 보상 관련]

가. **과거 하천공사에 편입되었으나 보상금이 지급되지 않은 토지의 소유권이 경매· 공매로 변동되고, 새롭게 소유권을 취득한 자가 보상을 신청한 경우 보상 불가**
   - 하천관리청의 하천공사 시행 이후 토지의 소유권을 취득한 자는 하천법 제76조 제1항에서 정한 '손실을 입은 자'로 볼 수 없음
   - 손실보상청구권은 토지 소유권과 별개의 권리로 토지 소유권의 양도와 함께 당연히 양수인에게 승계되는 것이 아님
   - 특히, 경매에 의한 취득의 경우 前소유자의 자유로운 의사에 기하여 토지 소유권을 이전하는 것이 아니며, 매각대금도 스스로 결정하는 것이 아니기 때문에 경매에 의하여 소유권이 변경되는 과정에서 現소유자가 前소유자로부터 손실보상청구권을 함께 양수하였다고 보기 어려움
   ✧ 서울고법 2017.2. 9. 선고 2016누63301 판결(대법원 선고 2017.6.20.)
     서울고법 2017.4.18. 선고 2016누56440 판결(대법원 선고 2017.8.18.)

나. **단, 경매절차와 별개로 前·現소유자 간 손실보상청구권 양도·양수에 관한 적법한 합의와 절차가 이행된 경우에는 現소유자가 손실보상청구권을 행사할 수 있으므로 채권양도의 진정성과 적법성, 대항요건 구비여부 등 구체적 사실관계 검토 후 보상 가능**
   - 손실보상청구권 양도·양수계약 체결 및 채무자(도·시군)에 대한 채권양도통지 등 확인

3. 이뤄러 위 사항과 관련하여 발생하는 민원에 대해서는 하천법 제76조에 따른 손실 보상절차(道 협의→중앙토지수용위원회 손실보상재결→행정소송)를 안내하여 주시기 바랍니다.

(출처 : 필자 제공)

지방하천 손실보상 절차에 관한 판결

토지가 준용하천의 하천구역으로 편입됨으로써 손실을 받은 토지의 소유자는 하천법 제74조가 정하는 바에 따라 **하천관리청과의 협의를 하고 그 협의가 성립되지 아니하거나 협의를 할 수 없을 때에는 관할 토지수용위원회에 재결을 신청하고 그 재결에 관하여도 불복일 때에는 바로 관할 토지수용위원회를 상대로 재결 자체에 대한 행정소송을 제기하여 그 결과에 따라 손실보상을 받을 수 있을 뿐이고,** 직접 하천관리청을 상대로 민사 소송으로 손실보상을 청구할 수는 없는 것이며, 또한 토지가 하천구역으로 편입된 이상 소유자로서는 사용·수익에 관한 사권의 행사에 제한을 받아 손해를 입고 있다고 하여도 같은 법 제74조의 규정에 의한 손실보상을 받음은 별론으로 하고, **하천관리청인 지방자치단체의 정유를 권원 없는 정유와 같이 보아 부당이득의 반환을 청구할 수는 없다.**

(대법원 1995. 12. 8. 선고 95다39441 판결)

지방하천 미지급용지 보상 관련 판결

가. 과거 하천공사에 편입되었으나 보상금이 지급되지 않은 토지의 소유권이 경매·공매로 변동되고, 새롭게 소유권을 취득한 자가 보상을 신청한 경우 보상 불가 – 하천관리청의 하천공사 시행 이후 토지의 소유권을 취득한 자는 하천법 제76조제1항에서 정한 '손실을 입은 자'로 볼 수 없음 – 손실보상청구권은 토지 소유권과 별개의 권리로 토지 소유권의 양도와 함께 당연히 양수인에게 승계되는 것이 아님 – 특히, 경매에 의한 취득의 경우 前 소유자의 자유로운 의사에 기하여 토지 소유권을 이전하는 것이 아니며, 매각대금도 스스로 결정하는 것이 아니기 때문에 경매에 의하여 소유권이 변경되는 과정에서 現 소유자가 前 소유자로부터 손실보상청구권을 함께 양수하였다고 보기 어려움

※ 서울고법 2017.2. 9. 선고 2016누63301 판결(대법원 선고 2017. 6. 20.) 서울고법 2017.4.18. 선고 2016누56440 판결(대법원 선고 2017. 8. 18.)

나. 단, 경매절차와 별개로 前·現 소유자 간 손실보상청구권 양도·양수에 관한 적법한 합의와 절차가 이행된 경우에는 現 소유자가 손실보상청구권을 행사할 수 있으므

로 채권양도의 진정성과 적법성, 대항요건 구비 여부 등 구체적 사실관계 검토 후
보상 가능 – 손실보상청구권 양도·양수계약 체결 및 채무자(도·시군)에 대한 채권양
도통지 등 확인

3. 아울러 위 사항과 관련하여 발생하는 민원에 대해서는 하천법 제76조에 따른 손실
보상절차(道 협의→중앙토지수용위원회 손실보상재결→행정소송)를 안내하여 주시기 바랍
니다.

※ 중토위에 수용재결(토지매수청구)을 신청하거나, 민사로 부당이득반환을 청구하
는 것은 불가

13

바람 따라~ 산 따라~
국립공원 투자

자료 13-1. **공원의 종류**

자연공원법상 자연공원	① 국립공원 ② 도립공원 ③ 군립공원 ④ 지질공원	① 공원자연보존지구 ② 공원자연환경지구 ③ 공원마을지구 ④ 공원문화유산지구
도시공원	**생활권 공원** ① 소공원 ② 어린이공원 ③ 근린공원 **주제공원** ① 역사공원 ② 문화공원 ③ 수변공원 ④ 묘지공원 ⑤ 체육공원 ⑥ 기타 시·도 조례가 정하는 공원	

경·공매 물건을 찾다 보면 국립공원 내 토지가 비일비재하게 나온다. 하지만 이런 토지는 사유지라도 자연공원법상 어떤 행위도 할 수 없다. 임야화된 전·답·과수원 역시 마찬가지다. 아무리 지목이 전·답·과수원이라도 함부로 경작하면 안 되는데, 자칫 잘못하면 자연공원법에 의해 처벌받을 수도 있다. 이런 실정으로 경·공매로 나온 국립공원 내의 토지는 60% 이상 유찰되는 경우가 많다. 그렇다면 국립공원 내 토지는 어떻게 투자해야 할까?

자연공원구역도
쓸모가 있다

  국립공원에 앞서 도시공원에 대해 간단히 알아보고 가도록 하자. 우리나라의 공원은 자료 13-1과 같이 '자연공원법상의 자연공원'과 '도시공원 및 녹지 등에 관한 법률에 정해진 공원'으로 나눌 수 있다. 도시계획시설로 지정된 후 20년간 공원조성사업을 하지 않은 도시공원의 경우, 도시공원 일몰제의 시행으로 2020년 6월 30일까지 지정을 해제하거나 매입해 보상해야 한다. 하지만 지방자치단체의 빈약한 재정 상태로는 당장 보상하기가 어렵고, 그렇다고 도시공원 지정을 해제하자니 환경문제는 물론, 난개발에 대한 우려로 이러지도 못하고 지러지도 못하고 있다. 이를 해결하기 위한 방편으로 서울시를 비롯한 대다수 지자체가 일몰 대상 도시공원을 아예 도시자연공원구역으로 재편입시키고 있다. 도시자연공원구역은 도시계획시설상 공원이 아니라 용도구역상 공원이기 때문에 일몰제의 적용을 받지 않기 때문인데, 건축이나 토지형질 변경 등의 개발행위를 하지 못하는 것은 마찬가지다. 도시공원으로 묶여 20년이 넘도록 아무 행위도 못 하고 재산세만 납부한 것도 억울한데, 또다시 도시자연공원구역으로 지정하다니 토지 소유주의 입장에서 참 분통이 터질 노릇이다.

자료 13-2. **도시공원과 도시자연공원구역 비교**

비고	도시공원	도시자연공원구역
구분	도시계획시설	용도구역
공원시설 설치	설치 의무 있음	설치 의무 없음
일몰제	적용받음	적용 없음
토지 보상의무	의무 있음	의무 없음
행위제한	있음	매우 강함
출입제한	없음	제한가능(공원녹지법 제33조)
재산세 감면	50% 감면	감면규정 없음
매수청구제도	있음(가격 제한 없음)	제한적용(공시지가의 50% 미만)

도시자연공원구역은 개발행위의 제한이 매우 강하다. 특히 공익용 산지는 더 그러한데, 항상 예외는 있다고 도시자연공원구역은 개발 제한이 강할 뿐이지 아예 불가능한 것은 아니다. 자료 13-3과 같이 토지이용계획확인원을 확인했을 때 '도시자연공원구역+공익용 산지+보전 녹지'로 표시되어 있으면 공익용 산지에 대한 행위 제한을 받지 않는다.

자료 13-3. **토지이용계획확인원**

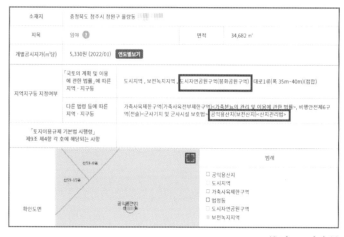

(출처 : 토지이음)

[도시자연공원구역 내 도시 숲, 생활 숲 허용·토지 주 매수청구기준 완화]

■ 앞으로 **도시자연공원구역**[*]의 **탄소흡수효과**를 높이기 위해 **도시숲, 생활숲** 등을 설치할 수 있고, 도시자연공원구역 내 **토지 소유자의 재산권 보호**를 위해 매수청구기준이 완화된다.

> *** 공원 일몰제**로 실효되는 공원부지의 난개발 등을 방지하기 위해 '05년 도입된 **용도구역**으로, 도시지역 안에서 식생이 양호한 산지에 **지자체장**이 도시·군관리계획으로 **지정**('20.12월 기준 전국 234개소에 342㎢ 지정)

ㅇ 국토교통부(장관 노형욱)는 12월 14일 국무회의에서 「**도시공원 및 녹지 등에 관한 법률 시행령**」 일부 개정안을 의결하였다고 밝혔다.

■ 「**도시공원 및 녹지 등에 관한 법률 시행령**」 일부 개정안의 주요 내용은 다음과 같다.

〈도시자연공원구역의 탄소흡수효과 제고 기반 마련〉

① 도시자연공원구역 내 도시숲, 생활숲 설치 허용

ㅇ **현재, 도시자연공원구역 내 설치가 허용된 휴양림, 산림욕장 등과 달리, 「도시숲법」에 따른 도시숲, 생활숲은 주요 탄소흡수원으로의 역할에도 불구하고 법적 근거가 불명확하여 도시자연공원구역 내 조성에 어려움이 있었다.**

– 또한, 도시자연공원구역 및 도시공원 내 **수목의 관리**를 위한 **진료** 및 **병해충 방제** 시에도 행위허가·점용허가 등의 사전절차로 인해 적기 **수목관리에 어려움**이 있었다.

ㅇ 이에, 도시자연공원구역 내 설치 가능한 시설에 **도시숲, 생활숲과 그 안에 설치하는 시설**을 허용하고 **세부기준**[*]을 마련하였으며,

> ***** 목조구조물로 설치, 연면적 200㎡ 이하, 층수 2층 이하 등

- 별도의 허가 없이 도시자연공원구역(도시공원 포함) 내 **수목에** 대한 **진료, 병해충 방제** 등의 관리행위가 가능토록 **절차를 간소화**하였다.

② 도시자연공원구역 내 태양광발전설비 설치 허용

○ 도시자연공원구역에도 도시공원 및 개발제한구역과 동일하게 탄소중립시설인 **태양광발전설비의 설치를 허용**하였다.

- 다만, 태양광발전설비 설치로 인해 추가적인 **식생** 및 **자연환경 훼손**이 발생하지 않도록 **건축물**(축사, 작물재배사 등 가설건축물 제외) 및 **주차장에 한정**하여 설치를 허용하였다.

〈도시자연공원구역 토지 소유자 재산권 보호 강화〉

○ 현재 **도시자연공원구역**으로 지정된 토지의 경우, **행위제한**에 따른 **토지 소유자의 재산권 보호**를 위해 **매수청구제도를 운영** 중으로,

- **소유자**는 해당 토지를 지자체가 **매수하도록 청구**할 수 있으나, 매수 판정 기준이 **엄격***하여 매수할 수 있는 토지가 많지 않았다.

> * 도시자연공원구역 지정으로 이전의 지목대로 사용할 수 없어 같은 읍·면·동 안의 도시자연공원구역 내 **동일지목 개별공시지가 평균치의 70% 미만**인 토지

- 이에, **지목**이 '**대지**(垈地)'*인 **토지 소유자**의 경우 공시지가와 상관없이, **토지 소유자가 매수청구**를 할 경우 지자체장이 해당 토지를 매수할 수 있도록 **판정기준을 완화**하였다.

> * 임야, 전, 답 등 타 지목에 비해 행위제한에 따른 재산권 제약이 가장 큰 지목

〈기타 개선사항〉

○ 현재, 주차장(어린이공원) 및 전력구 등 **일부 시설물**은 공원의 미관, 안전 등을 고려하여 **지하에만 점용**을 허용하고 있으나, 환기구 등 해당 시설의 이용·관리에 필수적인 **지상 연결부 시설**은 허용대상으로 명시되어 있지 않아 **행정상 혼선**이 발생하고 있다.

– 이에, 해당 시설을 **점용허가 대상으로 명확하게 규정**하고, 공원 경관을 저해하거나 주민이용에 방해가 되지 않도록 **구체적인 설치기준^{*}도 마련**하였다.

   * 지상 설치규모 최소화, 공원이용자 안전 확보, 조경을 통해 주변경관과 조화 등

■ **국토교통부 김복환 도시정책관**은 "이번 개정으로 **도시 탄소흡수원**으로서 **도시자연공원구역**의 역할이 강화되고, 구역 내 **토지주의 재산권 보호**에 기여할 것으로 기대"된다면서,

○ '앞으로도 **도시 탄소흡수원**으로서 **도시자연공원구역** 및 **도시공원의 역할을 강화**하고, 도시공원 내 생활 SOC 확충을 위한 **규제개선^{*}**을 주요 내용으로 하는 「**공원녹지법」 시행규칙 개정**도 연내 마무리하는 등 **제도개선**을 지속적으로 추진해 나갈 계획'이라고 밝혔다.

   * 연구개발특구 공원 내 직장어린이집 허용, 수변공원 내 유희시설 일부 허용, 대규모 체육공원 내 국제경기장에 설치가능 시설 확대 등

■ 이번 시행령 개정안은 대통령 재가를 거쳐 12월 중에 **공포·시행될 예정**(12. 21)이며, 법령 전문은 법제처 국가법령정보센터(http://www.law.go.kr)에서 확인할 수 있다.

〈문의〉 국토교통부 녹색도시과 (☎044-201-3751)

(출처 : 도시자연공원구역 규제개선으로 탄소중립 실현 가까이)

사유재산권 보호차원에서 규제를 완화하도록 개정했는데 도시자연공원구역에 대해서는 이 정도로만 알아두기로 하고, 관련 내용에 대해 자세히 알고 싶으면 국토교통부 녹색도시과나 각 지자체에 직접 문의해보자.

자, 이제 본격적으로 국립공원 투자에 대해 알아보겠다. 국립공원 내 토지는 개인이 아무런 행위를 할 수 없어 효용성이 없으므로 국립공원청에 매수청구를 하는 수밖에 없다.

국립공원 내 토지의 매수청구는 원칙적으로는 '자연공원법 제77조(토지매수의 청구)'에 의거 국립공원으로 지정되기 전부터 소유한 사람이나 상속받은 이에게 해당하는 사항이므로, 공원 지정 후나 경·공매로 취득한 경우는 매수청구의 대상이 아니다.

자연공원법 제77조(토지매수의 청구)
① 자연공원의 지정으로 인하여 자연공원에 있는 토지를 종전의 용도로 사용할 수 없어 그 효용이 현저히 감소된 토지 또는 해당 토지의 사용·수익이 사실상 불가능한 토지(이하 "매수대상토지"라 한다)의 소유자로서 다음 각 호의 어느 하나에 해당하는 자는 공원관리청에 그 토지의 매수를 청구할 수 있다. 〈개정 2020. 6. 9.〉
1. 자연공원의 지정 당시부터 그 토지를 계속 소유한 자
2. 토지의 사용·수익이 사실상 불가능하게 되기 전에 해당 토지를 취득하여 계속 소유한 자
3. 제1호 또는 제2호에 해당하는 자로부터 그 토지를 상속받아 계속 소유한 자

다만 '제76조(협의에 따른 토지 등의 매수)' 조항에는 국립공원의 보전·관리에 필요한 경우 협의에 따른 매수청구를 할 수 있음을 명시하고 있으니,

이 조항을 눈여겨보도록 한다.

자연공원법 제76조(협의에 따른 토지 등의 매수 등)
① 공원관리청은 자연공원을 보전·관리하기 위하여 필요한 경우에는 자연공원에 있는 토지 및 그에 정착된 물건을 그 소유자와 협의하여 매수하거나 국유지 또는 공유지와 교환할 수 있다. 〈개정 2016. 5. 29.〉

자료 13-4는 감정가 764만 원에 공매로 나온 전남 신안군의 토지다. 지인 몇 명과 함께 입찰해 400만 원에 낙찰받았다. 낙찰받은 지 불과 4개월 만에 국립공원 매수 대상 토지로 선정이 되어 보상금 1,741만 원을 받게 됐다.

자료 13-4. **매각 물건 정보**

2019-11027-003		입찰시간 : 2021-12-06 10:00~ 2021-12-08 17:00				조세정리1팀(☎ 1588-5321)
소재지	전라남도 신안군 도초면 우이도리 ( ) (도로명주소:)		□지도 □지도 주소복사			
물건용도	토지	감정가	7,645,440 원	재산종류	압류재산(캠코)	
세부용도	전	최저입찰가	(50%) 3,823,000 원	처분방식	매각	
물건상태	낙찰	집행기관	한국자산관리공사	담당부서	광주전남지역본부	
토지면적	3,230㎡ (977.075평)	건물면적		배분요구종기	2020-04-06	
물건상세	전 1,534㎡, 전 1,696㎡					
위임기관	목포세무서	명도책임	매수인	조사일자	0000-00-00	
부대조건						

● 입찰 정보(인터넷 입찰)

입찰번호	회/차	대금납부(기한)	입찰시작 일시~입찰마감 일시	개찰일시 / 매각결정일시	최저입찰가
0086	042/001	일시불(30일)	21.11.01 10:00 ~ 21.11.03 17:00	21.11.04 11:00 / 21.11.08 10:00	7,646,000
0086	043/001	일시불(30일)	21.11.08 10:00 ~ 21.11.10 17:00	21.11.11 11:00 / 21.11.15 10:00	6,882,000
0086	044/001	일시불(30일)	21.11.15 10:00 ~ 21.11.17 17:00	21.11.18 11:00 / 21.11.22 10:00	6,117,000
0086	045/001	일시불(30일)	21.11.22 10:00 ~ 21.11.24 17:00	21.11.25 11:00 / 21.11.29 10:00	5,353,000
0086	046/001	일시불(30일)	21.11.29 10:00 ~ 21.12.01 17:00	21.12 02 11:00 / 21.12.06 10:00	4,588,000
0086	047/001	일시불(30일)	21.12.06 10:00 ~ 21.12.08 17:00	21.12 09 11:00 / 21.12.13 10:00	3,823,000

낙찰 : **4,000,000원** (104.63%)

(출처 : 옥션원)

감정평가사도 사람이기에
실수한다

원래 공매 감정평가상으로는 보상금이 이 정도까지는 아니었으나 감정평가서를 살펴보다가 오류가 있음을 알게 됐다. 감정평가 명세표를 보면 필지당 단가가 각각 4,000원, 890원으로 평가됐다. 두 필지는 같은 용도지역에 지목과 개별요건 등이 매우 흡사한 상황인지라 이렇게 차이가 날 리가 없었다. 알아보니 감정평가에 개별지 공시지가를 적용할 때 한 필지에는 2019년의 공시지가를, 다른 필지에는 1994년의 공시지가(71원)를 적용한 데서 비롯된 일이었다. 이를 바로잡고 보상감정평가를 해 무려 17,417,700원의 보상을 받을 수 있었다.

자료 13-5. **공매 토지 감정평가 명세표**

지목 용도	용도지역 및 구조	면적(㎡)		감정평가액(원)	
		공부	사정	단가	금액
전	자연환경 보전지역	1,534	1,534	4,000	6,136,000
		1,696	1,696	890	1,509,440
계					7,645,440

(출처 : 옥션원)

자료 13-6. **토지 등 협의매매 계약서**

토 지 등 협 의 매 매 계 약 서

「자연공원법」 제76조 및 제77조와 관련, 본 매매에 있어 국립공원공단다도해해상국립
공원서부사무소장(이하 "매수인"이라 한다)과 토지소유자 이고█, 김분█, 이경█, 이지█
(이하 "매도인"이라 한다) 간에 다음과 같이 합의하여 매매 계약을 체결한다.

1. 총매매금액 : 금일천칠백사십일만칠천칠백원(₩17,417,700원)
2. 부동산의 표시

연번	소재지	지번	지목,구조 ·종류	면적(㎡), 수량	단가 원/㎡	매매금(원) 금 액	비고
합계				3,230		17,417,700	
1	전남 신안군 도초면 우이도리		전	1,534	5,550	8,513,700	
2	전남 신안군 도초면 우이도리		전	1,696	5,250	8,904,000	

제1조(목 적) 「자연공원법」 제76조 및 제77조에 따라, 국립공원에 있는 토지 또는 그
토지에 정착된 시설물의 소유자가 국가에 그 토지 등을 매도하려는 경우 이를 협의
매수함으로써 우수한 국립공원 자연자원을 보전하고 효율적으로 관리하기 위함이다.

제2조(매매대금) 매매대금은 「감정평가법」에 따른 감정가격으로 하고 "매수인"은 상
기 부동산에 대한 매매대금으로 금일천칠백사십일만칠천칠백원(₩17,417,700원)을 "매도
인"에게 지급한다.

제3조(대금지급) "매도인"은 "매수인"에게 토지소유권 이전등기에 필요한 구비서류를
제출하고 계약이행 사항에 대하여 계약당사자 쌍방이 확인한다. 이후 토지소유권 이
전등기 절차를 2022년 6월 24일까지 이행한 후 등기 완료하고 지체 없이 상단 기재된
매매금액을 지급한다.

(출처 : 필자 제공)

자료 13-7은 내가 지인에게 추천해준 것으로 감정가 5,635만 원의
토지를 2,817만 원에 낙찰받도록 했다. 이 토지 역시 공원관리청(국립공
원사무소)의 매수 대상으로 선정되어 6개월 만에 61,046,700원에 매도했
다.

자료 13-7. 협의매수 및 감정평가 결과 알림 공문

국립공원' 국민의 행복쉼터, 지구의 탄소쉼터'

국립공원공단소백산국립공원북부사무소

수신자   수신자참조

(경유)

제목   2023년 핵심지역보전사업(사유지매수) 정규매수 대상지 감정평가 결과 알림

1. 국립공원 관리에 협조해 주신 점 감사드리며, 귀 가정의 평안을 기원합니다.

2. 소백산북부사무소-1884(2023. 5. 10.)호 관련, 우리 사무소의 2023년 핵심지역보전사업 (사유지 매수) 정규매수 대상지 감정평가 결과가 회보 되었기에 알려드립니다.

3. 사유지 매수 및 관리업무 처리지침 제3장 제17조 및 제3장 제18조에 의거 다음과 같이 감정평가금액을 통보하오니 협의매수에 의견이 없으시면 매매계약체결신청서에 기재 및 서명(날인)하시어 **5. 19.(금)** 까지 제출하여 주시기 바랍니다.

☐ 감정평가 결과서(요약)

대상지		감정평가 평균금액 (단위: 원)	비고
위치	면적(m²)		
충북 단양군 대강면 황정리	15,653	61,046,700	

붙임 1. 감정평가 결과 및 매매계약체결신청서(김•우님) 및 매도포기서 1부.
    2. 감정평가 결과 및 매매계약체결신청서(김•미님) 및 매도포기서 1부.
    3. 감정평가 결과 및 매매계약체결신청서(이•충님) 및 매도포기서 1부.
    4. 감정평가 결과 및 매매계약체결신청서(전•철님) 및 매도포기서 1부. 끝.

국립공원공단소백산국립공원북부사무소장

수신자   김•우님, 김•미님, 이•충님, 전•철님 귀하

(출처 : 필자 제공)

공원 투자에 재미를 붙인 나는 2023년에 국립공원 몇 건을 더 낙찰 받아 매수청구 6건을 신청했지만, 올해는(2024년) 한 건도 선정되지 않았다. 2023년까지만 하더라도 500억 원이던 예산이 세수 부족으로 300억 원이나 줄었기 때문이다. 또 팔공산 도립공원이 국립공원으로

승격하면서 공원 내 토지 소유주의 매수청구 건수가 이전보다 더 많아진 이유도 있다.

국립공원 물건은 아무래도 예산의 영향을 많이 받으니, 경·공매에 무분별하게 응하기보다는 전략을 잘 세워 계획적으로 입찰해야 한다. 국립공원의 토지 매수청구 선정은 종합적으로 점수를 매겨서 높은 점수를 받은 사람의 토지를 매수한다는 사실에 주의하도록 한다. 그해에 선정이 되지 않으면 다음 해에 자동 연장 신청이 가능하나(1회에 한함), 이 역시 선정이 지연되는 만큼 오래 기다려야 한다는 것을 뜻하니 이런 사항들을 잘 따져보고 투자해야 한다.

토지 매수청구 선정 시 점수를 잘 받으려면?

국립공원공단은 매년 초 홈페이지를 통해 국립공원 매수청구 신청 방법을 알려준다. 매수의 결정은 접수순이 아니라 내규에 정한 우선순위 점수를 배점해 토지 매수 여부를 결정한다.

1. 자료 13-8의 1순위에 해당하는 사항이 있으면 배점이 높음(국가보호종은 국립공원관리공단에서 데이터를 보유하고 있음)

2. 우선순위 : ① 공원자연보존지구, ② 공원자연환경지구, ③ 집단시설지구, ④ 밀집마을지구, ⑤ 자연마을지구 순으로 배점이 좋으나, ③ 이후로는 선정 확률이 낮음. 지목의 영향 있음(대지>전, 답>임야)

3. 공통 사항 : 공원 내 주민 여부, 토지 보유기간, 보호지역 중복지정 여부, 사회적 약자(65세 이상 고령자, 장애인 등) 여부, 매입신청 횟수(당해 선정 불발 시 익년도에 가점됨)

① 제1순위

가. 멸종위기야생생물 및 국가보호종 서식 토지

나. 국립공원특별보호구역으로 지정된 지역 토지

다. 내륙·연안습지, 해안사구 등 생태적 가치가 높은 토지

라. 계곡상류 환경오염유발·경관저해 시설물 및 토지

마. 서식지 보호를 위한 공단의 생태복원사업 등에 필요한 시설물 및 토지

바. 토지 소유자가 영림을 목적으로 조림사업을 시행한 토지로서 자연림으로 갱신 등 공원관리상 매입하는 것이 타당하다고 공원관리청이 인정하는 토지

사. 국립공원을 보전·관리 및 지속가능한 이용을 도모하기 위하여 매입이 시급한 토지

아. 공원자연보존지구에 소재한 토지

자. 유네스코 세계유산, 생물권보전지역, 람사르습지 등 공원자원의 보전가치를 인정 받아 국제적으로 등재, 인증, 등록된 지역에 소재하는 토지

차. 「문화재보호법」에 의해 보호물 또는 보호구역으로 지정·고시된 지역에 소재한 토 지(역사문화환경 보존지역을 포함)

카. 개발 및 이용압력으로부터 국립공원 내 주요 자원을 보호하기 위한 완충지역 또는 공원경계지역

② 제2순위

가. 용도지구가 변경되어 「자연공원법」상 행위규제가 강화된 지역의 시설물 및 토지

나. 공원자연환경지구 내 공원지정 이전 시설물로 현행법상 용도지구 내 허용행위 기 준에 부적합한 시설물 및 토지

다. 공원자연환경지구 내 대지로 그 지목 상 용도로 사용이 불가능한 토지

마. 공원지정 당시부터 소유한(또는 그로부터 상속받은) 공원자연환경지구 내 전·답 등으 로 산림화로 인하여 농지로의 원상회복이 불허가된 휴경농지이거나 해당 지목 상 용도로 사용이 불가능한 토지

바. 「자연공원법」상 불허가 처분에 따라 다른 법령상 이행강제금 등 추가 비용 부담이 발생하여 사유재산의 손실을 유발하고 있다고 인정되는 토지

③ 제3순위

가. 용도지구 내 허용행위 기준에는 적합하나 공원관리청으로부터 불허가 처분되어

사적 이용의 효용가치가 완전히 소멸되었다고 공원관리청이 인정하는 토지

나. 공원마을지구 내 공원지정 이전 시설물로 현행법상 용도지구 내 허용행위 기준에
부적합한 시설물 및 토지

④ **제4순위**

가. 토지 소유자의 귀책사유 없이 종래의 용도대로 사용할 수 없어 그 효용이 현저히
감소된 토지에 해당되나 법 제77조에 따른 매수대상토지의 판정기준에 부적합한
경우

나. 기타 종래의 용도대로 토지를 이용하는 사적 효용 가치보다 공원관리상 필요가 크
다고 공원관리청이 인정하는 토지

(출처 : 국립공원공단 홈페이지 참고)

절대농지의
절대강자

우리나라는 국토의 3분의 2가 산지로 이루어져 있다. 과거에는 이를 임의로 개간해서 농사를 지었기 때문에 모양이 다 제각각이었고, 당연히 생산력도 떨어졌다. 1970년대에 이르러 정부는 대대적으로 경지 정리 사업을 했다. 삐뚤빼뚤 제멋대로 생긴 농지를 개량해 반듯하게 하고, 기계화를 도입하자 쌀 생산량이 증대해 식량난이 해소됐다. 개간한 농지는 무분별한 개발을 막기 위해 농업진흥지역으로 지정했다. 농업진흥지역은 다시 농업진흥구역(과거 절대농지)과 농업보호구역으로 나뉜다. 농업진흥구역의 농지는 농업인이 지을 수 있는 농가주택과 농기계 수리점이나 공장같이 농업에 관련된 시설밖에 지을 수 없기 때문에 일반인들에게는 진입 문턱이 높다. 농업보호구역은 건축할 수 있는 건축물 종류가 그나마 다양한 편이다.

2022년 사전 정보를 이용한 LH 공무원들이 3기 신도시 사업 예정지에 투기한 정황이 밝혀졌다. 사전 투기 행위도 모자라 보상금을 더 많이 받을 목적으로 희귀 수종인 왕버들 나무를 다량으로 심었다가 적발되어 전국을 떠들썩하게 했다. 이와 같은 부동산 투기를 막겠다는 의지의 표명으로 정부는 농지취득 자격심사를 더욱 강화했고, 그 여파로 일반인의 농지 취득은 한층 까다로워졌다. 일반적으로 관리지역과 보전지역의 농지는 취득이 비교적 수월한 편이나 농림지역의 농지는 농업인 또는 농업 법인 외에는 취득하지 못하도록 규정하고 있다. 그 때문에 경·공매 물건으로 나오는 농림지역의 농지는 65% 이상 유찰되는 경우가 많다. 자녀의 학자금이나 결혼 비용 때문에 땅을 매물로 내놓아도 거래가 되지 않아 힘들다며 새로운 농지법을 폐지하라고 호소하던 한 농부의 인터뷰가 뉴스에 보이기도 했다. 일부 공무원들이 저지른 공직자로서 적합하지 않은 부도덕한 행위 때문에 애꿎은 농민들과 선량한 시민만 선의의 피해자가 되고 말았다(이건 어디까지나 내 생각인데, 지역 농업인이 유찰이 많이 된 농지만 전문적으로 낙찰받아도 꽤 많은 돈을 벌 수 있을 것 같다).

　말했듯이 농지는 농업인과 농업 법인만 취득하는 것이 원칙이다. 특히 농림지역의 경우 기존에 1,000㎡ 이상의 농지를 보유하고 있어야만 새로 농지를 취득할 수 있기 때문에, 그렇지 않은 이들은 농지에 투자할 생각조차 하지 않는다. 여기서 중요한 점은 기보유 농지가 반드시 농림지역의 농지가 아니어도 된다는 것인데, 대다수 투자자가 이를 잘 모르고 있다. 농지취득자격증명이 필요 없는 용도지역(주거·상업·공업)의 농지나 관리지역의 농지라도 합해서 1,000㎡ 이상을 보유하고 있으면, 기보유 농지로 인정해 농림지역의 농지를 취득할 수 있다. 다시 말해 보전관리지역과 계획관리지역의 농지는 일반인이라도 심의를 거치면 비교적 쉽게 농지취득자격증명이 나오므로, 이들 농지를 차곡차곡 매수해 놓았다가 나중에 농림지역의 농지를 취득하면 된다는 말이다. 그런 의미에서 미리 관할 지자체에 농지취득사격증명을 신청해보고 확실히 발급되는 농지에 입찰하기를 권한다. 간혹 농지심의위원회가 여러 이유로 관외 지역 거주자에게는 농지취득자격증명을 부결시키는 경우가 있기 때문이다. 심사에 부결된 농지는 괜히 행정소송까지 하며 스트레스 받을 것 없이 과감히 포기한다. 물건 보는 안목만 있다면 굳이 하나에 목맬 필요 없지 않은가. 널리고 널린 것이 물건이다.

농지취득자격증명은
미리 발급받자

자료 14-1. **매각 물건 정보**

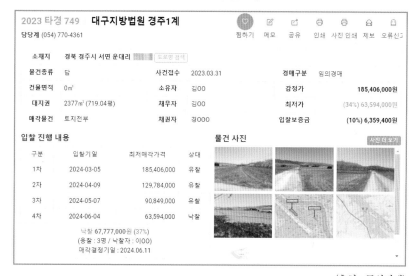

2024년 6월에 낙찰받은 사례다. 경주시 서면 운대리에 있는 농업진흥구역(절대농지)의 농지가 34%까지 유찰됐기에 낙찰을 받았다.

원래는 매각 물건으로 등록된 경주의 농림지역 중에서 면 소재지가 각기 다른 농지 두 군데를 선별했다. 그리고 입찰도 하기 전에 농지취득자격증명(이하 농취증)부터 신청했다. 한 면사무소의 심의위원들은 거주지와 거리가 멀다는 이유로 신청을 부결했다. 관외 지역의 농지는 담당 공무원과는 무관하게 오로지 심의위원들이 농취증의 발급 여부를 결정하는데도 담당자는 무척이나 미안해했다. 농약이나 비료의 구매 영수증을 첨부해 서류를 보완하거나 농업경영체를 제출해서 다시 신청하면, 경락일 전까지 한 번 더 심의위원을 소집해 심사해보겠다고도 했다. 공무원의 친절한 안내에도 별 의미가 없을 것 같아서 재신청을 하지 않았다. 다행히 나머지 한 군데에서는 정상적으로 농취증이 발급됐다(자료 14-2). 이렇게 사전에 농취증을 확보하고 나서 자료 14-1의 농지에 입찰했다.

두 농지 모두 거주지로부터 비슷한 거리임에도 불구하고 심의위원의 성향에 따라 자료 14-3처럼 농취증이 부결되기도 하고 혹은 자료 14-2처럼 발급되기도 했다. 어떤 규성이 명확하게 정해져 있는 것이 아니라 순전히 심의위원들의 의결에 따라 결정되는 경향이 강하니 농림지역 농지에 투자하고 싶다면 입찰 전에 농취증 신청을 먼저 해보도록 한다. 낙찰받고 나서 신청했다가 농취증이 안 나오면 곤란해지니 말이다.

자료 14-2. **2024년 5월 23일 농지취득자격증명**

[별지 제5호서식] <개정 2022.5.18>

제 2024-000056 호	농 지 취 득 자 격 증 명					

농지 취득자 (신청인)	성명 (명칭)		주민등록번호 (법인등록번호)			- *******
	주 소	경상북도 칠곡군				
	전화번호					

취득 농지의 표시	소 재 지	지 번	지 목	면 적(㎡)	농지 구분
	경상북도 경주시 서면운대리		답	2,377.00	진흥

취 득 목 적	농업경영

귀하의 농지취득자격증명신청에 대하여 「농지법」 제8조, 같은 법 시행령 제7조제2항 및 같은 법 시행규칙 제7조제6항에 따라 위와 같이 농지취득자격 증명을 발급합니다.

2024 년 05 월 23 일

경상북도 경주시 서면장

<유의사항>
1. 귀하께서 「농지법」 제6조에 따른 농지 소유 제한이나 같은 법 제7조에 따른 농지 소유 상한을 위반하여 농지를 소유할 목적으로 거짓이나 그 밖의 부정한 방법으로 이 증명서를 발급받으면 같은 법 제57조에 따라 5년 이하의 징역이나 해당 토지의 개별공시지가에 따른 토지가액에 해당하는 금액 이하의 벌금에 처해질 수 있습니다.
2. 귀하께서 취득하여 소유한 농지는 농업경영에 이용되도록 하여야 하며, 「농지법」 제6조제2항제2호 및 제3호의 경우는 제외합니다), 취득한 해당 농지를 취득목적대로 이용하지 않을 경우에는 같은 법 제10조·제11조제1항 또는 제63조에 따라 해당 농지를 처분해야 하거나 처분명령 또는 이행강제금이 부과될 수 있습니다.
3. 귀하께서 취득하여 소유한 농지는 「농지법」 제23조제1항 각 호에 해당하는 경우 외에는 농지를 임대하거나 무상사용하게 할 수 없으며, 이를 위반할 경우 2천만원 이하의 벌금에 처해질 수 있습니다.
4. 농업법인의 경우 「농어업경영체 육성 및 지원에 관한 법률」 제19조의5에 따라 농지를 활용 또는 전용하여 「통계법」 제22조제1항에 따라 통계청장이 고시하는 한국표준산업분류에 의한 부동산업(「농어업경영체 육성 및 지원에 관한 법률」에 따른 농어촌 관광휴양사업은 제외합니다)을 영위할 수 없습니다.

(출처 : 필자 제공)

2026 APEO 정상회의, 경주가 최적지입니다!

경주시 문무대왕면

수신 손정욱 귀하 (우39850 경상북도 칠곡군 ▓▓▓▓▓▓▓▓▓▓)
(경유)
제목 농지취득자격증명 미발급 통보(손O욱)

1. 귀하의 건승을 기원합니다.

2. 귀하의 농지취득자격증명신청 민원에 대하여 검토한 결과, 다음과 같은 사유로 미발급 통보합니다.

  ○ 농지취득자격증명 신청사항 및 미발급 사유

신청자	성명	생년월일	주소	
	손정욱	▓▓▓▓▓	▓▓▓▓▓▓▓▓▓▓▓▓	
신청농지의 표시	농지 소재지		지목	신청면적(㎡)
	경주시 문무대왕면 용당리 ▓ 외 2필지 (▓▓ ▓▓▓)		답	1,958
미발급 사유	·「농지법」 제 44조에 따른 농지위원회 심의 결과 부결 - 심의 유형(「농지법」 시행규칙 제 7조 3항): 관외거주자 (2022. 8. 18. 이후 신규 취득) - 심의 결과 주요내용 :「농지법」 시행규칙 제 7조 5항에 의거 신청인의 영농경력·영농거리 등 농업영위 실현가능성이 낮음으로 판단되어 **부결됨**.			

※ 「민원 처리에 관현 법률」 제 35조에 따라 거부처분에 대하여 불복이 있는 민원인은 그 거부처분을 받은 날로부터 60일 이내에 문서로 이의신청할 수 있습니다. 또한, 이의 신청여부와 관계없이 행정심판과 행정소송을 제기할 수 있음을 알려드립니다. 끝.

(출처 : 필자 제공)

농지취득자격증명을
잘 받는 법

　정상적인 농지임에도 불구하고 관외 지역의 사람들이 경·공매로 농지를 취득하려고 하면, 투기꾼 대하듯 마냥 안 좋은 시각으로 보는 심의위원들이 있다. 다 그런 것은 아니지만 어쨌든 심의위원이 "안 돼"라고 하면 어쩔 수 없는 것이 사실이다. 꼭 취득해야 하는 농지라면 소송이라도 하는 것이 맞겠지만, 그렇지 않다면 다른 물건을 찾아보는 편이 좋고, 한편으로는 안 된다고 무조건 쉽게 포기할 필요가 없는 것이, 심사위원도 사람이기 때문에 노력하는 모습을 보이면 또 결과가 달라질 수 있다. 이럴 때는 농사를 짓겠다는 강력한 의지를 보여주는 것이 중요하다. 농업경영계획서를 구체적으로 작성하고, 주요 재배작물, 농업경영체 서류, 농사에 필요한 물품(비료, 농약, 모종) 구입 영수증을 별지에 첨부해 투기의 목적이 아니라는 것을 확인시켜 줄 필요가 있다. 또 다른 방법으로 '농업교육 현장실습 안전관리 교육'을 이수하고 수료증을 제출하는 것도 있다. 수료증은 농림수산식품교육문화정보원에서 발급하는데 '인터넷 농업 교육포털(https://agriedu.net)'에서 2시간짜리 교육 영상만 시청하면 된다.

자료 14-4. 수료증

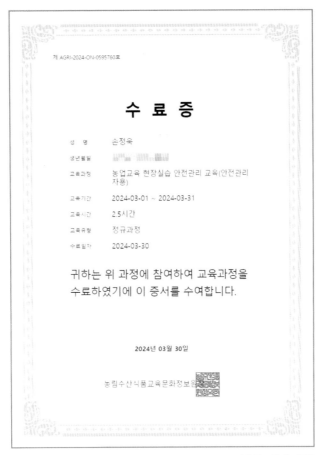

제 AGRI-2024-ON-0595760호

수 료 증

성 명	손정욱
생년월일	
교육과정	농업교육 현장실습 안전관리 교육(안전관리 자용)
교육기간	2024-03-01 ~ 2024-03-31
교육시간	2.5시간
교육유형	정규과정
수료일자	2024-03-30

귀하는 위 과정에 참여하여 교육과정을
수료하였기에 이 증서를 수여합니다.

2024년 03월 30일

농림수산식품교육문화정보원

(출처 : 필자 제공)

절대농지는
무조건 싸게

　타 지역의 경매에 입찰할 때면 지역 법무사에게 대리입찰을 위임한
다. 일반인이 대리입찰을 하려면 인감증명서까지 첨부해야 하지만 법
무사에게 위임하면 초본 한 통만 메일로 전송해 주면 된다.*

　도장도 따로 보낼 것 없이 법무사 사무실에 비치된 조립도장을 사용
하면 되고, 사전에 발급받아 놓은 농지취득자격증명까지 알아서 경매
계에 제출해 주기 때문에 여러모로 편리하다.

---

* 인감증명서 없이 대리입찰이 가능할까?
　'부동산 등에 대한 경매절차 처리지침' 제19조(매수신청인의 자격증명 등)에 의해 변호사나
　법무사가 임의대리인으로 입찰하는 경우에는 인감 증명서 첨부를 생략할 수 있다.

> 부동산 등에 대한 경매절차 처리지침 제19조(매수신청인의 자격증명 등)
> ① 매수신청의 자격증명은 개인이 입찰하는 경우 주민등록표등·초본, 법인의 대표자 등
> 이 입찰하는 경우 법인등기사항증명서, 법정대리인이 입찰하는 경우 가족관계증명서,
> 임의대리인이 입찰을 하는 경우 대리위임장, 인감증명서 - 중략 . 다만, 변호사·법무사가
> 임의대리인으로 입찰하는 경우에는 인감증명서의 첨부를 생략할 수 있다.

"이 금액으로 입찰하면 떨어질 것이 뻔합니다. 내가 법원경매 실무도 오래 해왔고, 입찰 대리도 많이 해봤는데, 경험상 한 9,000만 원 언저리는 적어야 낙찰될 겁니다."

자료 14-1의 물건에 응찰할 때 대리입찰을 맡겼던 법무사의 말이었다. 농업진흥구역은 아무 행위도 할 수 없고, 최소 2년은 기다려야 양도세를 줄일 수 있기 때문에 당장 팔 수도 없다. 특히 지역 농민에게 농지를 팔려면 최대한 저렴하게 낙찰받아야 한다. 그래야 적정한 금액에 팔수 있는데, 낙찰 자체를 높은 금액으로 받으면 매도가도 그만큼 비싸질 수밖에 없어 매매가 이루어지지 않을 가능성이 크다. 아무리 생각해도 9,000만 원은 무리다. 원래 내 분석으로는 6,666만 원을 적어도 충분해 보였으나, 막상 이런 반응을 들으니 마음이 살짝 흔들렸다. 그래서 입찰가를 살짝 더 올려 적어 6,777만 원으로 입찰표를 새로 작성해서 전송했다. 개찰 결과, 내 소신대로 했어도 충분히 낙찰될 수 있었다.

다양한 투자법을 알고 있으면 가치 있는 땅을 발굴할 수 있고, 용도지역에 맞게 땅을 활용할 수 있다. 경·공매 물건으로 나온 농림지역의 농지는 유찰이 되는 경우가 많아 저렴한 가격에 낙찰받으면 충분한 차익을 남기고 팔 수 있다. 또 거주지와 연접한 농지는 농지연금을 신청하면, 노후 대비 수단으로 활용할 수도 있다.

농지
처분 방법

지역유지에게 팔기

나는 농촌에서 자라 시골의 특성을 어느 정도 잘 안다. 만석꾼까지는 아니지만 지역마다 농사를 크게 지으며 평생의 업으로 여기는 유지가 있다. 쌀은 거의 정부가 수매해가는데, 쌀값이 떨어지면 정부로부터 직불금을 보조받기도 한다. 농기계를 보유하고 있는 유지는 타인의 농지에 대리 경작을 해서 돈을 벌기도 한다. 로터리, 모내기, 농약 살포, 추수 등의 작업을 기계로 부려주면 수입이 꽤 된다. 규모에 따라서 수천만 원부터 수억 원까지 벌기도 하는데, 유지들은 돈을 은행에 맡겨두는 것보다 땅 사는 것을 더 좋아한다. 농사지을 땅이 많으면 많을수록 그들의 수입원이 늘기 때문이다. 이런 그들의 습성을 십분 활용하면 낙찰받은 농지를 매도할 수 있다. 땅에 대한 애착이 높지만 그렇다고 농사용 땅을 비싸게는 사지 않기 때문에 시세보다 30~40% 정도 저렴하게 내놓으면 금방 매매가 성사될 것이다. 이런 이유로 농지는 절대적으로 저렴한 가격에 낙찰받아야 한다. 꼭 유지가 아니어도 상관없으니 우선 농지를 팔고 싶으면 동네 이장님을 찾아가도록 한다. 음료수라도 한 박스 사 들고 가 '땅 소유주인데 마을 주민들에게 매물에 대해 소문을 좀 내달라'

라고 하면 웬만한 광고보다 낫다. 이때 '사례금을 지급하겠다'라는 말도 잊지 않도록 한다.

농지연금 신청하기

만 60세 이상의 농지 소유자는 한국농어촌공사에 농지연금을 신청할 수 있다. 다만 연금을 신청하기 위해서는 자격조건이 충족되어야 하는데 영농 경력, 즉 농사지은 지 5년 이상이 됐다는 사실을 증명할 수 있어야 하고, 연금 신청 대상 농지는 보유한 지 2년 이상이면서 '담보농지가 소재하는 시·군·구 및 그와 연접한 시·군·구 또는 담보농지까지 직선거리 30㎞' 내에 신청인 거주(주민등록상 주소지 기준)하는 경우 담보 가능하다. 그 밖에 확인해야 할 사항들은 《토통령의 답이 정해져 있는 땅 투자》에서 설명해두긴 했지만, LH 사태 이후 농지와 관련한 법 규정에 변동 사항이 많아 연금 신청 전 반드시 이를 살펴봐야 한다.

농지 은행에 매도하기

농지연금을 신청할 수도 있지만 농지 은행에 매도하는 방법도 있다. 농지 은행에서 제공하는 맞춤형 농지 지원사업 업무 지침을 보면, 다음의 표에서 명시하는 사업 대상자와 매입 대상 농지에 해당하면, 농지은행에 농지를 매도할 수 있다. 주의할 점은 매도 금액이 주변 시세가 아니라 <지역별 매입 단가표>에 제시하는 단가를 상한으로 한다는 점이다. 그러니 단가표상 단가가 높은 도시지역 농업진흥지역의 농지를 낙찰받거나, 시세와 단가의 차이가 없는 곳인 비도시지역의 농지를 찾아야 한다.

맞춤형 농지지원 사업 업무 지침

가. 사업 대상자 : 이농 및 직업전환 고령 또는 질병 등으로 은퇴하고자 하는 농업인, 농업경영에 이용되지 않는 농지를 소유한 농업인, 농지법 제6조제2항제4호(상속농지) 및 제5호(이농한 후에도 이농 당시 소유하고 있던 농지)에 따라 농지를 소유하고 있는 자, 「농지법」 제11조에 따라 농지처분명령을 받은 자, 「한국농어촌공사 및 농지관리기금법 시행령」 제19조의13제2항3호 따라 농지연금 가입자 중 담보농지로 채무변제를 신청한 농업인, 「한국농어촌공사 및 농지관리기금법 시행령」 제19조의10제2항3호에 따라 경영이양형 농지연금 담보농지를 매도하고자 하는 농업인, 농지법 제2조제2호에 따른 농업인에 해당하지 않고 1996년 1월 1일 이전 취득하여 농지를 소유하고 있는 자, 「한국농어촌공사 및 농지관리기금법」 제24조의4에 따라 공사에 5년 이상 위탁하여 임대하거나 무상 사용하게 한 농지 소유자, 국가·지방자치단체·「공공기관의 운영에 관한 법률」 제4조에 따른 공공기관 〈개정 2020. 5. 1.〉, 〈개정 2023. 8. 1.〉

나. 매입 대상농지 : 농업진흥지역안 공부상 지목이 전·답·과수원인 농지(농지법 제33조의2에 따른 농업진흥지역의 매수청구 농지를 포함)로 다음의 경우 매입할 수 있다. 단, 농업진흥지역 밖 농지(전·답·과수원) 중 경지정리 및 밭 기반 정비사업이 완료된 농지(국토계획법상 계획관리지역은 제외)는 매입 가능 〈신설 2021. 9. 16.〉

　* 현지조사 결과 공부상 서류(토지대장 등)와 불일치 하는 농지는 매입불가 〈신설 2021. 9. 16.〉

1) 공부 지목과 실제 지목이 일치하는 농지

　가) 공부 지목과 실제 지목이 서로 다른 경우 농지소유자가 공부 또는 농지형태 중 하나를 변경하여 서로 일치되게 한 후 신청

2) 1,000㎡ 이상 농지, 1,000㎡~1,983㎡ 미만의 경우 농업생산기반정비사업이 완료된 농지, 또는 동일인이 소유하는 서로 연접한 필지의 농지로서, 필지당 평균 면적이 1,000㎡ 이상으로 구성되고 연접필지의 합산면적이 1,983㎡ 이상인 농지 단, 공사가 공공임대용 농지매입사업으로 매입하여 소유하고 있는 농지에 연접한 경우 1,000㎡ 이하인 필지도 매입 가능 〈개정 2022. 3. 10.〉, 〈개정 2022. 5. 4.〉, 〈개정 2023. 4. 7.〉

　※ 연접(連接)의 기준 : 소유 논과 이어 맞닿는 것으로서 농지(필지) 사이에 농로나

용배수로 등 농업용 시설이 있는 경우는 연접으로 간주

3) 〈삭제〉〈신설 2022. 3. 10.〉, 〈삭제 2022. 5. 4.〉

4) 기본 매입 상한단가는 28,000원/㎡이며, 지역별 매입 상한단가는 아래와 같음

〈지역별 매입상한단가표〉

지역별		논(원/㎡)	밭, 과수원(원/㎡)	기타지역
특별광역시		76,000	90,000	
경기	시	113,000	133,000	
	군	77,000	91,000	
강원	시	39,000	46,000	원주, 평창, 인제, 양양
	군	38,000	42,000	
	기타	57,000	65,000	
충북	시	45,000	46,000	음성, 진천, 증평, 청주
	군	32,000	36,000	
	기타	72,000	78,000	
충남	시	35,000	41,000	공주, 금산, 아산, 천안
	군	33,000	39,000	
	기타	63,000	74,000	
전북	시	30,000	30,000	군산, 김제, 익산, 부안, 완주, 전주
	군	28,000	28,000	
	기타	46,000	54,000	
전남	시	52,000	53,000	장성, 담양, 구례, 화순
	군	30,000	30,000	
	기타	54,000	55,000	
경북	시	50,000	50,000	경산, 김천, 영천, 고령, 군위, 성주, 칠곡, 청도
	군	37,000	35,000	
	기타	65,000	77,000	
경남	시	89,000	68,000	거제, 김해, 양산 창원, 통영
	군	48,000	55,000	
	기타	121,000	131,000	

주1) 농업진흥지역 밖 농지는 지역별 매입상한단가의 150% 금액까지 매입할 수 있다.

주2) 공공임대용 농지 집단화 지역에 지정된 농지 및 농지이양 은퇴직불사업 신청 농지는 지역별 매입상한단가의 250% 금액까지 매입할 수 있다. 〈신설 2023. 4. 7.〉, 〈개정 2024. 6. 3〉

주3) 도청소재지 및 청년농이 지원을 희망하는 농지 매입 시에는 본사 심의를 거쳐 매입상한단가가 60,000원/㎡ 미만인 지역에 한하여 60,000원/㎡ 이내로 매입할 수 있다. 청년농 희망농지 매입 시 농지소재지 시·군·구의 모든 청년농들에

게 문자 또는 SNS 등을 통해 정보를 공유하여 임차자를 공정하게 선정하여야 하며, 희망자가 다수일 경우는 지원선정자 우선순위에 따른다. 단, 청년농이 먼저 임차를 요청하는 경우는 농지정보 공유를 생략할 수 있다.(별지 제2-34호 서식)

주4) 경영이양형·은퇴직불형 농지연금 가입자가 계약기간 만료 후 공사에 매도하는 경우 지역별 매입상한단가를 초과하여 매입할 수 있다. 〈신설 2024. 1. 26.〉 〈개정 2019.3.11.〉, 이하 생략

5) 이농 직업전환, 고령 또는 질병 등으로 은퇴하고자 하는 농업인의 소유농지(자가소비량 생산목적으로 3,000㎡ 이하 소유농지는 계속 경작 가능), 농업경영에 이용되지 않는 농업인 소유의 농지, 농지법 제6조제2항제4호에 따른 상속농지, 농지법 제6조제2항제5호에 따라 8년 이상 농업경영 후 이농한 자가 이농한 후에도 이농 당시 소유하고 있던 농지를 계속 소유한 농지 〈개정 2020.5.1.〉, 〈개정 2021. 2. 1.〉

* 은퇴농업인의 기준은 별표4[농림축산식품부 고시 제2023-22호('23. 3. 31]에 따름 〈개정 2020. 5. 18.〉, 〈개정 2024. 1. 26.〉

6) 국가기간시설로 인한 지상권·지역권·임차권이 설정되어 있는 농지

7) 비닐하우스와 그 부속시설, 농막, 간이퇴비장(간이 액비저장소) 등 농지법에 의한 농지전용신고 또는 농지일시전용 허가대상 시설이 아니고 철거가 쉬운 농업용 간이시설이 있는 농지

* 과수목이 있는 경우 과수목을 공사에 무상으로 양도하거나, 매매계약 전에 이전(移轉) 조치할 농지

8) 「농어촌 정비법」에 따른 농업기반정비사업 시행으로 조성되어 분양받은 간척농지로 8년 이상 경작하고 융자금 상환이 완료된 농지

9) 「농지법」 제11조에 따른 처분명령을 받아 한국농어촌공사에 매수청구를 신청한 농지(농업진흥지역 안팎농지)

○ 매입대상 농지에 대한 기준은 '3-다. 매입제외농지'의 세부사항 중 8), 9), 11) 사항을 적용 〈개정 2021. 2. 1.〉, 〈개정 2021. 5. 17.〉

10) 농지법 제33조의2에 따라 한국농어촌공사에 매수청구를 신청한 농지

○ 사업대상자에 대한 기준은 「3-가. 사업대상자」의 세부사항을 적용하고, 매입대상 농지에 대한 기준은 「3-나. 매입대상농지」의 세부사항을 적용 〈개정 2020. 5. 18.〉, 〈개정 2022. 3. 10.〉

11) 한국농어촌공사 및 농지관리기금법 시행령 제19조의10제2항제3호에 따라 경영이양형 농지연금 담보농지를 매도하고자 하는 농업인의 농지

○ 사업대상자에 대한 기준은 「3-가. 사업대상자」의 세부사항을 적용하고, 매입대상 농지에 대한 기준은 「3-나. 매입대상농지」의 세부사항을 적용 〈신설 2023. 8. 1.〉

12) 한국농어촌공사 및 농지관리기금법 시행령 제19조의13제2항제3호 따라 농지연금 가입자 중 담보농지로 채무변제를 신청한 농업인의 농지

○ 사업대상자에 대한 기준은 「3-가. 사업대상자」의 세부사항을 적용하고, 매입대상 농지에 대한 기준은 「3-나. 매입대상농지」의 세부사항을 적용 〈신설 2023. 8. 1.〉

13) 농지법 제2조제2호에 따른 농업인에 해당하지 않고 1996년 1월 1일 이전 취득하여 농지를 소유하고 있는 자가 소유한 농지

○ 사업대상자에 대한 기준은 「3-가. 사업대상자」의 세부사항을 적용하고, 매입대상 농지에 대한 기준은 「3-나. 매입대상농지」의 세부사항을 적용 〈신설 2023. 8. 1.〉

14) 한국농어촌공사 및 농지관리기금법 제24조의4에 따라 공사에 5년 이상 위탁하여 임대하거나 무상 사용하게 한 농지

○ 사업대상자에 대한 기준은 「3-가. 사업대상자」의 세부사항을 적용하고, 매입대상 농지에 대한 기준은 「3-나. 매입대상농지」의 세부사항을 적용 〈신설 2023. 8. 1.〉

15) 국가·지방자치단체·공공기관의 운영에 관한 법률 제4조에 따른 공공기관 소유농지

○ 사업대상자에 대한 기준은 「3-가. 사업대상자」의 세부사항을 적용하고, 매입대상 농지에 대한 기준은 「3-나. 매입대상농지」의 세부 사항을 적용 〈신설 2023. 8. 1.〉

다. 매입 제외농지

1) 토지대장, 지적도 등 공부에는 매입가능 면적 이상의 단독필지로 표시되어 있으나 실제 형상은 여러 필지로 구성된 다랑이 논·밭 등으로써 필지당 평균면적이 1,000㎡ 미만의 소규모 필지들로 구성된 농지

2) 각종 개별법(택지개발촉진법, 도로법, 하천법, 농어촌정비법 등)에 따른 개발계획구역 및 예정지 안의 농지

3) 「국토의 계획 및 이용에 관한 법률」 제36조제1항제1호에 의한 도시지역(주거·상업·공업지역)에 소재한 농지 〈개정 2021. 2. 1.〉, 〈개정 2021. 9. 16.〉

4) 맞춤형농지지원사업, 과원규모화사업, 경영회생지원사업, 농지구입자금 및 회생지원자금을 지원받은 자가 소유하고 있는 농지. 다만, 맞춤형 농지지원사업, 경영회생지원사업으로 지원받은 자가 별표4의 '은퇴하려는 농업인의 요건을 갖춘 경우, 또는 농업경영에 이용되지 않는 농업인 소유의 농지의 경우에는 매입가능. 〈개정 2018. 10. 31.〉, 〈개정 2020. 5. 18.〉, 〈개정 2021. 2. 1.〉 〈개정 2024. 1. 26.〉

* 이 경우 맞춤형 농지지원사업으로 지원받은 융자금, 임대료 및 경영회생 환매대금 분할납부 잔액과 상계처리 가능 〈신설 2024. 1. 26.〉
* 지원받은 자가 고령 또는 질병 등으로 이농·전업·은퇴하는 경우와 공공임대용으로 농지를 매도하는 경우, 향후 맞춤형 농지 지원사업을 통한 농지 지원(임대 포함) 제외 〈개정 2020. 5. 18.〉, 〈개정 2022. 3. 10.〉

 Tip **농업진흥지역의 해제 조건**

농업진흥지역 관리규정 제8조 진흥지역 해제대상, 지역 여건변화가 되는 곳, 도로, 철도 등이 설치되거나 택지, 산업단지 지정 등으로 인하여 집단화된 농지와 분리된 자투리 토지로서 진흥구역은 농로 및 용·배수로가 차단되는 등 실제로 영농에 지장을 주는 경우, 보호구역은 진흥구역의 농업환경을 보호하기 위한 본연의 기능이 상실된 경우

농업진흥지역 안의 토지의 면적이 3만제곱미터 이하인 경우로 한정한다.

1. 도로법 제 10조에 따른 도로
   : 고속도로, 일반국도, 특별시도, 광역시도, 지방도, 시도, 군도, 구도
2. 도시계획시설 도로 (8m미만 소로 제외)
3. 철도산업발전기본법 제3조제1호에 따른 철도
4. 하천법 제2조제1호에 따른 하천
   : 국가하천, 지방하천, 하천구역, 하천

* 경지 정리가 된 진흥구역이 해제가 되면 보호구역이 된다. 일반주택 , 1종 2종 건축 가능한 근린생활 시설도 있다.
* 경지 정리가 되지 않은 농림지역이 해제되면 계획관리지역 생산관리지역 등으로 상향 조정될 수도 있다.

부록

공익사업의
종류

■ **공익사업을 위한 토지 등의 취득 및 보상에 관한 법률 [별표] <개정 2021. 1. 5.>**
그 밖에 별표에 규정된 법률에 따라 토지 등을 수용하거나 사용할 수 있는 사업(제4조제8호 관련)

1. 「2011대구세계육상선수권대회, 2013충주세계조정선수권대회, 2014인천아시아경기대회, 2014인천장애인아시아경기대회 및 2015광주하계유니버시아드대회 지원법」 제22조에 따른 대회관련시설의 설치·이용 등에 관한 계획에 따른 사업

2. 「2015경북문경세계군인체육대회 지원법」에 따른 대회관련시설의 설치·이용 등에 관한 사업

3. 「2018평창동계올림픽대회 및 장애인동계올림픽대회 지원 등에 관한 특별법」에 따른 대회관련시설의 설치·이용 등에 관한 사업 및 특구개발사업

4. 「간선급행버스체계의 건설 및 운영에 관한 특별법」에 따른 체계건설사업

5. 「간척지의 농어업적 이용 및 관리에 관한 법률」에 따른 간척지활용사업

6. 「건설기계관리법」에 따른 공영주기장의 설치

7. 「경제자유구역의 지정 및 운영에 관한 특별법」에 따른 경제자유구역에서 실시되는 개발사업

8. 「고도 보존 및 육성에 관한 특별법」에 따른 고도보존육성사업 및 주민지원

사업

9. 「공간정보의 구축 및 관리 등에 관한 법률」에 따른 기본측량의 실시

10. 「혁신도시 조성 및 발전에 관한 특별법」에 따른 혁신도시개발사업

11. 「공공주택 특별법」제2조제3호가목에 따른 공공주택지구조성사업 및 같은 호 나목에 따른 공공주택건설사업

12. 「공공토지의 비축에 관한 법률」에 따라 한국토지주택공사가 공공개발용 토지의 비축사업계획을 승인받은 공공개발용 토지의 취득

13. 「공사중단 장기방치 건축물의 정비 등에 관한 특별조치법」에 따른 정비사업

14. 「관광진흥법」제55조에 따른 조성계획을 시행하기 위한 사업

15. 「광산피해의 방지 및 복구에 관한 법률」에 따른 광해방지사업

16. 「광업법」제70조 각 호와 제71조 각 호의 목적을 위하여 광업권자나 조광권자가 산업통상자원부장관의 인정을 받은 행위

17. 「국가통합교통체계효율화법」에 따른 복합환승센터 개발사업

18. 「국립대학법인 서울대학교 설립·운영에 관한 법률」에 따른 국립대학법인 서울대학교의 학교용지 확보

19. 「국립대학법인 인천대학교 설립·운영에 관한 법률」에 따른 국립대학법인 인천대학교의 학교용지 확보

20. 「국방·군사시설 사업에 관한 법률」에 따른 국방·군사시설

21. 「국제경기대회 지원법」에 따른 대회관련시설의 설치·이용 등에 관한 사업

22. 「국토의 계획 및 이용에 관한 법률」에 따른 도시·군계획시설사업

23. 「군 공항 이전 및 지원에 관한 특별법」에 따른 이전주변지역 지원사업

24. 「금강수계 물관리 및 주민지원 등에 관한 법률」제4조의3에 따른 수변생태벨트 조성사업 또는 제24조에 따른 수질개선사업

25. 「급경사지 재해예방에 관한 법률」에 따른 붕괴위험지역의 정비사업

26. 「기업도시개발 특별법」에 따른 기업도시개발사업

27. 「낙동강수계 물관리 및 주민지원 등에 관한 법률」 제4조의3에 따른 수변 생태벨트 조성사업 또는 제26조에 따른 수질개선사업

28. 「농어업재해대책법」에 따른 응급조치

29. 「농어촌도로 정비법」에 따른 농어촌도로 정비공사

30. 「농어촌마을 주거환경 개선 및 리모델링 촉진을 위한 특별법」에 따른 정비 사업

31. 「농어촌정비법」에 따른 농어촌정비사업

32. 「농업생산기반시설 및 주변지역 활용에 관한 특별법」에 따른 농업생산기 반시설 등 활용사업

33. 「대기환경보전법」 제4조에 따라 고시된 측정망설치계획에 따른 환경부장 관 또는 시·도지사의 측정망 설치

34. 「댐건설 및 주변지역지원 등에 관한 법률」에 따른 댐건설사업

35. 「도로법」에 따른 도로공사

36. 「도시 및 주거환경정비법」 제38조에 따라 토지 등을 수용하거나 사용할 수 있는 사업

37. 「도시개발법」에 따른 도시개발사업

38. 「도시교통정비 촉진법」에 따른 중기계획의 단계적 시행에 필요한 연차별 시행계획

39. 「도시철도법」에 따른 도시철도건설사업

40. 「도청이전을 위한 도시건설 및 지원에 관한 특별법」에 따른 도청이전신도 시 개발사업

41. 「동·서·남해안 및 내륙권 발전 특별법」에 따른 해안권 또는 내륙권 개발사업

42. 「마리나항만의 조성 및 관리 등에 관한 법률」에 따른 마리나항만의 개발사업

43. 「문화재보호법」에 따른 문화재의 보존·관리

44. 「물류시설의 개발 및 운영에 관한 법률」에 따른 물류터미널사업 및 물류단지개발사업

45. 「민간임대주택에 관한 특별법」 제20조에 따라 토지 등을 수용하거나 사용할 수 있는 사업

46. 「사방사업법」에 따른 사방사업

47. 「사회기반시설에 대한 민간투자법」에 따른 민간투자사업

48. 「산림복지 진흥에 관한 법률」에 따른 산림복지단지의 조성

49. 「산업입지 및 개발에 관한 법률」에 따른 산업단지개발사업 및 제39조에 따른 특수지역개발사업

50. 「새만금사업 추진 및 지원에 관한 특별법」에 따른 새만금사업

51. 「석면안전관리법」 제7조에 따른 실태조사, 제8조제2항에 따른 조사, 제13조에 따른 자연발생석면영향조사, 제25조에 따른 슬레이트 시설물 등에 대한 석면조사(환경부장관, 관계 중앙행정기관의 장, 시·도지사 또는 시장·군수·구청장이 실시하는 경우에 한정한다)

52. 「석탄산업법」 제23조제1항에 따른 연료단지 조성(특별시장·광역시장·도지사 또는 특별자치도지사가 실시하는 경우에 한정한다)

53. 「소규모 공공시설 안전관리 등에 관한 법률」에 따른 소규모 위험시설 정비사업

54. 「소하천정비법」에 따른 소하천의 정비

55. 「수도권신공항건설 촉진법」에 따른 신공항건설사업

56. 「수도법」에 따른 수도사업

57. 「수목원·정원의 조성 및 진흥에 관한 법률」에 따른 국가 또는 지방자치단체의 수목원 조성

58. 「수질 및 수생태계 보전에 관한 법률」에 따른 폐수종말처리시설 설치

59. 「신항만건설 촉진법」에 따른 신항만건설사업

60. 「신행정수도 후속대책을 위한 연기·공주지역 행정중심복합도시 건설을 위한 특별법」에 따른 행정중심복합도시건설사업

61. 「어촌·어항법」에 따른 어항의 육역에 관한 개발사업

62. 「어촌특화발전 지원 특별법」에 따른 어촌특화사업

63. 「역세권의 개발 및 이용에 관한 법률」에 따른 역세권개발사업

64. 「연구개발특구의 육성에 관한 특별법」에 따른 특구개발사업

65. 「연안관리법」에 따른 연안정비사업

66. 「영산강·섬진강수계 물관리 및 주민지원 등에 관한 법률」 제4조의3에 따른 수변생태벨트 조성사업 또는 제24조에 따른 수질개선사업

67. 「온천법」에 따라 개발계획을 수립하거나 그 승인을 받은 시장·군수가 시행하는 개발계획에 따른 사업

68. 「용산공원 조성 특별법」에 따른 공원조성사업

69. 「자동차관리법」에 따른 자동차서비스복합단지 개발사업

70. 「자연공원법」에 따른 공원사업

71. 「자연재해대책법」에 따른 자연재해위험개선지구 정비사업

72. 「자연환경보전법」 제38조에 따른 자연환경보전·이용시설(국가 또는 지방자치단체가 설치하는 경우에 한정한다)

73. 「재해위험 개선사업 및 이주대책에 관한 특별법」에 따른 재해위험 개선사업

74. 「저수지·댐의 안전관리 및 재해예방에 관한 법률」에 따른 저수지·댐의 안전점검, 정밀안전진단, 정비계획의 수립, 정비사업

75. 「전기사업법」에 따른 전기사업용전기설비의 설치나 이를 위한 실지조사·측량 및 시공 또는 전기사업용전기설비의 유지·보수

76. 「전기통신사업법」에 따른 전기통신업무에 제공되는 선로 등의 설치

77. 「전원개발촉진법」에 따른 전원개발사업

78. 「접경지역 지원 특별법」 제13조제6항 및 제9항에 따라 고시된 사업시행
    계획에 포함되어 있는 사업

79. 「제주특별자치도 설치 및 국제자유도시 조성을 위한 특별법」에 따른 개발
    사업

80. 「주택법」에 따른 국가·지방자치단체·한국토지주택공사 및 지방공사인 사
    업주체가 국민주택을 건설하거나 국민주택을 건설하기 위한 대지 조성

81. 「주한미군 공여구역주변지역 등 지원 특별법」 제9조에 따른 사업계획에
    따른 사업

82. 「주한미군기지 이전에 따른 평택시 등의 지원 등에 관한 특별법」에 따른
    평택시개발사업과 국제화계획지구 개발사업

83. 「중소기업진흥에 관한 법률」 제31조에 따라 중소기업진흥공단이 시행하
    는 단지조성사업

84. 「지능형 로봇 개발 및 보급 촉진법」 제34조에 따른 공익시설의 조성사업

85. 「지방소도읍 육성 지원법」 제4소에 따라 수립하는 종합육성계획에 따른
    사업

86. 「지역 개발 및 지원에 관한 법률」에 따른 지역개발사업

87. 「지역특화발전특구에 대한 규제특례법」에 따른 특화사업

88. 「지하수법」 제17조 및 제18조에 따른 지하수관측시설 및 수질측정망(국토
    교통부장관, 환경부장관 또는 시장·군수·구청장이 설치하는 경우에 한정한다) 설치

89. 「집단에너지사업법」에 따른 공급시설의 설치나 이를 위한 실지조사·측량
    및 시공 또는 공급시설의 유지·보수

90. 「철도건설법」에 따른 철도건설사업

91. 「청소년활동 진흥법」 제11조제1항에 따른 수련시설의 설치

92. 「친수구역 활용에 관한 특별법」에 따른 친수구역조성사업

93. 「태권도 진흥 및 태권도공원 조성 등에 관한 법률」에 따른 공원조성사업

94. 「택지개발촉진법」에 따른 택지개발사업

95. 「토양환경보전법」 제7조제1항 각 호의 어느 하나에 해당하는 측정, 조사, 설치 및 토양정화(환경부장관, 시·도지사 또는 시장·군수·구청장이 실시하는 경우에 한정한다)

96. 「폐기물처리시설 설치촉진 및 주변지역지원 등에 관한 법률」에 따른 폐기물처리시설의 설치 및 이주대책의 시행

97. 「하수도법」에 따른 공공하수도 설치

98. 「하천법」에 따른 하천공사 또는 수문조사시설공사

99. 「학교시설사업 촉진법」에 따른 학교시설사업

100. 「한강수계 상수원수질개선 및 주민지원 등에 관한 법률」 제4조의3에 따른 수변생태벨트 조성사업 또는 제13조에 따른 수질개선사업

101. 「한국가스공사법」 제11조에 따른 사업 중 한국가스공사가 천연가스의 인수·저장·생산·공급 설비 및 그 부대시설을 설치하는 공사

102. 「한국석유공사법」에 따라 한국석유공사가 시행하는 석유의 탐사·개발·비축 및 수송사업

103. 「한국수자원공사법」 제9조제1호·제2호·제4호·제5호·제5호의2·제7호부터 제11호까지의 사업

104. 「한국환경공단법」 제17조제1항제1호부터 제19호까지 및 제22호의 사업

105. 「항공법」에 따른 공항개발사업

106. 「항만공사법」 제8조제1항제1호, 제2호, 제2호의2, 제2호의3, 제3호부터 제8호까지에 따른 사업

107. 「항만법」에 따른 항만개발사업 또는 항만배후단지개발사업

107의2. 「항만 재개발 및 주변지역 발전에 관한 법률」에 따른 항만재개발사업

108. 「해수욕장의 이용 및 관리에 관한 법률」에 따른 해수욕장시설사업

109. 「해저광물자원 개발법」에 따라 해저조광권자가 실시하는 해저광물 탐사 또는 채취

110. 「화물자동차 운수사업법」에 따른 공영차고지의 설치 및 화물자동차 휴게소의 건설

공익사업
토지 보상 절차[*]

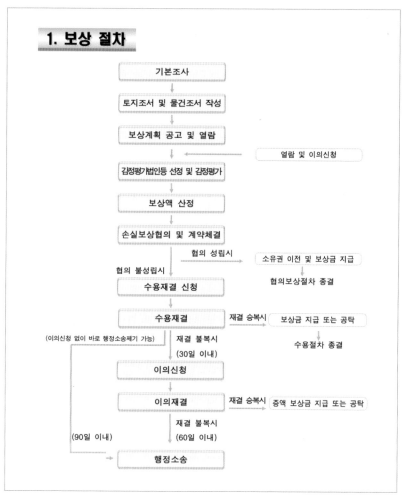

1. 보상 절차

기본조사

↓

토지조서 및 물건조서 작성

↓

보상계획 공고 및 열람 ← 열람 및 이의신청

↓

감정평가법인등 선정 및 감정평가

↓

보상액 산정

↓

손실보상협의 및 계약체결

협의 성립시 → 소유권 이전 및 보상금 지급

협의 불성립시 ↓ 협의보상절차 종결

수용재결 신청

↓

수용재결 → 재결 승복시 → 보상금 지급 또는 공탁

(이의신청 없이 바로 행정소송제기 가능) 재결 불복시 ↓ 수용절차 종결

(30일 이내)

이의신청

↓

이의재결 → 재결 승복시 → 증액 보상금 지급 또는 공탁

재결 불복시 ↓

(90일 이내) (60일 이내)

행정소송

[*] (출처 : 한국토지주택공사)

가. 공람공고와 사업인정

1) 공람공고는 공익사업이 시행된다는 사실을 토지 소유자 및 관계인 등 불특정 다수인들이 알 수 있도록 알리는 행위로서 사업인정 전 행정절차

2) 사업인정은 해당 사업이 공익사업임을 인정하여 사업시행자에게 사업지구 안에 있는 토지 및 건축물 등을 사용 또는 수용할 수 있도록 권한을 부여하는 행정행위

나. 기본조사(토지·물건조사)

1) 기본조사(토지·물건조사)란 보상계획의 수립, 보상액의 산정, 보상협의 및 수용 재결신청, 용지의 취득 전반에 기초자료로 활용하기 위하여 조사하는 업무로 보상목적물에 대한 정확한 조사를 위한 현황조사와 물건별 개별조사를 원칙으로 함

다. 보상계획의 공고

1) 보상계획의 공고는 보상의 준비가 되었음을 소유자 등에게 알리는 것으로 토지조서 및 물건조서의 내용과 보상의 시기·방법·절차 등을 기재한 보상계획을 신문에 공고하며 토지 소유자 및 관계인에게 통지하고 열람함

    * 토지 소유자 및 관계인이 20인 이하인 당해 지구는 신문공고는 생략함

2) 열람은 14일 동안 이루어지며 토지조서 및 물건조서의 내용에 이의가 있는 경우 사업시행자에게 서면으로 이의신청이 가능하고 사실 확인 후 해당 내용을 반영함

라. 협의와 수용

1) 보상액 산정 및 지급을 하기 위한 기초자료로서 토지조서와 물건조서 작성 후 해당 토지 및 물건 등에 대한 감정평가를 거쳐 보상협의요청서를 통지하고 소유자 및 관계인에게 협의 후 보상금을 지급함

2) 협의가 원만하게 이루어지지 않으면 특정한 공익사업의 추진을 위하여 법률이 정한 절차에 따라 강제적으로 토지의 소유권을 취득하는 수용이 이루어지며 수용이 확정되면 토지 소유자 및 관계인은 사업시행자에게 해당 토지를 인도해야 할 의무가 발생함

마. 수용재결과 이의재결

1) 손실보상협의요청 후 보상금액 및 보상대상에 대한 협의가 이루어지지 않으면 토지 소유자와 관계인은 사업시행자에게 재결 신청을 청구할 수 있으며 사업시행자는 청구를 받은 날부터 60일 이내에 토지수용위원회에 재결을 신청함

2) 수용재결 후에도 보상금액 및 보상대상 여부에 대해 이의가 있는 경우 재결서 정본을 받은 날부터 30일 이내에 중앙토지수용위원회에 이의를 신청할 수 있음

바. 보상금의 공탁

1) 재결에 따른 수용개시일까지 보상금을 지급하지 않으면 재결의 효력이 소멸되므로 토지 보상법에서는 보상금을 지급할 수 없거나 수령하지 않는 경우에 법원에 보상금을 공탁하고 있음

2) 또한 사업시행자가 과실 없이 보상금을 받을 자를 알 수 없을 때, 압류 또는 가압류에 의해 보상금의 지급이 금지된 때에도 사업시행자는 관할 법원에

보상금을 공탁함

사. 행정소송

1) 토지 소유자 또는 관계인은 제34조에 따른 재결에 불복할 때에는 재결서를 받은 날부터 90일 이내에, 이의신청을 거쳤을 때에는 이의신청에 대한 재결서를 받은 날부터 60일 이내에 행정소송을 제기할 수 있음

2) 이때 제기하려는 행정소송이 보상금 증감에 관한 소송인 경우 토지 소유자 또는 관계인은 중앙토지수용위원회가 아닌 사업시행자를 대상으로 소송을 제기해야 함

2. 손실보상의 종류 및 방법

【손실보상금 산정 관련 일반원칙】

공익사업에 편입된 토지 등에 대한 손실보상액은 「공익사업을 위한 토지 등의 취득 및 보상에 관한 법률」에 의거 감정평가 법인 등(3인)이 평가한 금액을 산술평균한 금액으로 결정됨

다만, 주거이전비, 이사비, 농업손실보상 등은 관계법령에 따라 사업시행자가 산정하여 지급함

가. 토지 보상

1) 토지 보상액은 3인의 감정평가법인 등(토지 소유자 또는 시·도지사의 추천이 없는 경우 2인)가 표준지 공시지가를 기준으로 그 공시 기준일로부터 가격시점까지의 지가변동률, 생산자물가 상승률, 당해 토지의 이용계획, 위치·형상·환경·이용상황 등을 종합적으로 고려하여 평가한 금액을 산술평균하여 결정됨

2) 토지 평가는 현실적인 이용상황과 일반적인 이용방법에 의한 객관적 상황
   을 기준으로 평가하며, 일시적인 이용상황과 토지 소유자 또는 관계인이 갖
   는 주관적 가치 및 특별한 용도로 사용할 것을 전제로 한 경우 등은 고려하
   지 않음

3) 관계법령 등에 의하여 허가를 받거나 신고를 하고 형질변경을 해야 하는 토
   지를 허가나 신고 없이 형질 변경한 토지 및 허가를 받거나 신고를 하고 건
   축 또는 용도변경을 해야 하는 건축물을 허가나 신고 없이 건축 또는 용도
   변경한 건축물의 부지는 건축 당시의 이용상황 또는 형질변경 전 상황을 상
   정하여 평가함

4) 당해 공익사업으로 인하여 토지 등의 가격에 변동이 있는 때에는 이를 고려
   하지 아니하며, 당해 공익사업 시행을 직접 목적으로 용도지역 등이 변경된
   토지에 대하여도 변경되기 전 용도지역 등을 기준으로 평가함

토지 보상가격과 개별공시지가가 차이가 날 수 있는지?
☞ 개별공시지가는 과세 등의 목적으로 대량의 토지가격을 용이하게 산정하기 위하여
토지가격비준표(비준표)라는 일률적인 산식에 의해 산정하지만, 보상가격은 감정평가
사가 보상대상토지의 개별특성을 정밀하게 조사하여 이를 표준지 공시지가와 비교하
여 평가하는 등 가격산정방식이 서로 다르기 때문에 차이가 날 수 있음

나. 건축물 등의 보상

1) 건축물 등은 그 구조·이용상태·면적·내구연한·유용성·이전가능성 및 이전

의 난이도 기타 가격 형성상의 제 요인 등을 종합적으로 고려하여 평가한 금액으로 보상액이 결정됨

2) 사업인정고시일 이후 허가권자(시장·군수 또는 구청장)의 허가 없이 건축, 대수 선 및 공작물의 설치 등을 할 수 없음. 이를 위반한 경우 보상대상이 되지 않 으며 해당 건축물 등을 원상으로 회복해야 함

3) 공작물 등은 이전하는 비용으로 평가하며, 공작물의 용도가 폐지되었거나 기능이 상실되어 경제적 가치가 없는 경우, 공작물 등의 가치가 다른 토지 등의 가치에 충분히 반영되었을 경우 등에는 보상대상이 되지 않음

1. 건축물을 이전비로 보상할 때 현실적으로 가옥 등은 건축물 이전이 불가능하므로 취득 보상을 해야 하지 않나?
☞ 건축물은 해체비·운반비 및 건축비 등 이전에 소요되는 비용으로 평가하나, 사실상 이전이 어렵거나 이전하여서는 종래의 목적대로 사용하는 것이 불가능할 경우에는 취 득가격으로 평가함

2. 무허가건축물 등에 대한 보상은?
☞ '89. 1. 24 이전에 지어진 무허가(무신고) 주거용 건축물은 적법한 건축물로 평가하 여 보상하고(최소보상액 6백만 원) 이주대책(이주정착금)을 수립하며, '89. 1. 25 이후의 불법 건축물은 평가금액대로 보상하되 이주대책(이주정착금) 수립대상에서 제외됨

다. 과수 및 수익수, 관상수 등의 이식 보상

1) 과수 그 밖의 수익수 또는 관상수는 수종·규격·수령·수량·식수면적·관리상 태·수익성·이식가능성 및 난이도, 그 밖의 가격 형성에 관련되는 제 요인을 종합적으로 고려하여 평가한 금액으로 보상함

2) 임야상의 조림되지 아니한 소나무 및 잡목 등 자연수목은 토지 보상액에 화 체(포함)되어 토지 보상금액에 반영되므로 따로 보상하지 않음

라. 분묘에 대한 보상

1) 사업지구 내 분묘에 대하여 「장사 등에 관한 법률」에 따라 분묘개장 신고 후 분묘를 개장하고 개장신고증명서 등 필요서류를 제출하면 분묘 이장비를 지급함

   * 원활한 보상금 지급 절차를 위하여 지자체에 분묘개장 신고를 하기 전에 공사에 연고자 신고를 먼저 해주어야 함

- **분묘이전비 :** ① 4분판 1매, ② 마포 24m, ③ 전지 5권, ④ 제례비,
  ⑤ 인부 5인분의 임금, ⑥ 운구차량비 합계액
  (합장인 경우 1구당 ①~⑤ 해당 비용의 50% 가산 지급)
- **석물이전비 :** 상석 및 비석 등의 이전실비
- **잡비 :** 분묘이전비 및 석물이전비에 의하여 산정한 금액의 30%에 해당하는 금액
- **이전보조비 :** 연고자가 있는 분묘는 100만 원의 이전보조비를 지급(화장의 경우도 지급)
- ☞ **분묘보상금 (2022년 6월 기준)**
  단장은 약 372만 원, 합장은 약 479만 원 (석물 및 수목이전비는 별도 평가·보상)

---

2) 연고자 없는 무연분묘는 「장사 등에 관한 법률」에 따라 우리공사가 임의 개장하여 공원묘지 등에 안치함

마. 농업 손실의 보상

1) (일반기준) 사업지구에 편입되는 농지 면적에 통계청이 매년 조사·발표하는 농가경제조사통계에 의하여 산출한 도별 연간 농가평균 단위경작면적당 농작물 총수입의 직전 3년간 평균액의 2년분을 곱하여 산정한 금액으로 보상함(재배작물과 무관하게 동일한 단가로 보상)

- 농지 : 농지법 제2조제1호가목 및 같은 법 시행령 제2조제3항제2호가목에 해당하는 토지
- 보상대상자 : 사업인정고시일 등 당시부터 적법하게 경작하고 있는 농민[*]

2) (실제소득 입증 시)「농작물 실제소득인정 기준」(국토교통부고시)에 의한 농작물 총수입의 거래 실적 입증자료를 제출하는 경우 연간 단위경작면적당 실제소득(농산물 총수입 ÷ 경작농지 전체 면적 × 소득률)의 2년분을 곱하여 산정한 금액으로 보상하되, 다음의 경우는 아래 별도기준을 적용함

① 실제소득이 통계자료집의 작목별 평균소득의 2배를 초과하는 경우 통계자료상 평균생산량의 2배를 판매한 금액을 기준으로 보상함. 다만, 생산량을 확인할 수 없는 경우에는 평균소득의 2배를 기준으로 보상함

②「농작물 실제소득인정 기준」에서 직접 해당 농지의 지력(地力)을 이용하지 아니하고 재배 중인 작물을 이전하여 해당 영농을 계속하는 것이 가능하다고 인정하는 경우에는 단위경작면적당 실제소득의 4개월분을 곱하여 산정한 금액으로 보상함

3) 자경농지가 아닌 농지에 대한 농업손실 보상액(임차농)

농지의 소유자가 해당 지역(해당 농경지 소재지와 동일한 시·구·읍·면과 연접한 시·구·읍·면 및 직선거리 30km 이내 지역)에 거주하는 농민인 경우, 농지 소유자와 실제

---

[*] '농지법 제2조제3호'의 규정에 의한 농업법인 또는 '같은 법 시행령 제3조1호' [1천제곱미터 이상의 농지에서 농작물 또는 다년생 식물을 경작·재배하거나 1년 중 90일 이상 농업에 종사하는 자(90일 이상 농업에 종사하는 자란 농업경영주와 1년 중 90일 이상 농업경영이나 농지 경작활동의 피고용인으로 종사한다는 계약을 체결하고 노동력을 제공하고 있는 자를 의미)] 및 '동조 제2호'의 규정에 의한 농업인(농지에 330제곱미터 이상의 온실·버섯재배사·비닐하우스를 설치하여 농작물 또는 다년생 식물을 경작·재배하는 자)

경작자 간의 협의가 성립된 경우 협의내용에 따라 보상하고, 협의가 성립하지 않을 경우 각각 50%에 해당하는 금액을 보상함(실제소득으로 보상할 경우 토지 소유자에게는 농지면적에 도별 농작물평균단가를 적용한 금액의 50%만 보상하고 나머지는 실제 경작자에게 보상)

* 농지 소유자가 당해 지역 거주농민이 아닌 경우는 실제 경작자에게 보상함

4) 다음의 경우에는 농업손실보상을 하지 않음

> • 사업인정고시일 등 이후부터 농지로 이용되고 있는 토지
> • 토지이용계획, 주위환경 등으로 보아 일시적으로 농지로 이용되고 있는 토지
> • 타인소유의 토지를 불법으로 점유하여 경작하고 있는 토지
> • 농민이 아닌 자가 경작하고 있는 토지
> • 토지의 취득에 대한 보상 이후에 사업시행자가 2년 이상 계속하여 경작하도록 허용하는 토지
> • '16. 1. 21. 이후 임야를 불법으로 형질변경하여 농지로 이용하고 있는 토지

5) 폐농 시 농기구보상

당해 지역에서 경작하고 있는 농지의 2/3 이상이 본 사업지구에 편입되어 당해 지역에서 영농을 계속할 수 없게 된 경우(과수 등 특정한 작목의 영농에만 사용되는 특정한 농기구의 경우에는 편입면적에 관계없이 해당 지역에서 해당 영농을 계속할 수 없게 된 경우)에는 농기구의 매각손실액(60% 이내)을 평가하여 보상함

단, 호미, 낫, 괭이 등 소모성 단순농기구 또는 인력을 사용하는 소농기구는 보상에서 제외되며, 농경지의 2/3 이상이 본 사업 지구에 편입되지 아니 하거나 농업을 폐지하지 않을 경우(대체농지 구입 시 폐농의사가 없는 것으로 봄)에는 손실이 없는 것으로 보아 농기구를 보상하지 않음

바. 잔여지 보상 등

일단의 토지의 일부가 협의에 의하여 매수되거나 수용됨으로 인하여 잔여지를 종래의 목적에 사용하는 것이 현저히 곤란한 때 등에는 토지 소유자는 잔여지를 매수하여 줄 것 등을 청구할 수 있으며, 협의가 성립하지 아니한 경우 관할 토지수용위원회에 그 사업의 공사완료일까지 직접 수용을 청구할 수 있음

【잔여지의 판단】

- 대지로서 면적의 과소 또는 부정형 등의 사유로 인하여 건축물을 건축할 수 없거나 건축물의 건축이 현저히 곤란한 경우
- 농지로서 농기계의 진입과 회전이 곤란할 정도로 폭이 좁고 길게 남거나 부정형 등의 사유로 인하여 영농이 현저히 곤란한 경우
- 공익사업의 시행으로 인하여 교통이 두절되어 사용 또는 경작이 불가능하게 된 경우
- 위 외에 이와 유사한 정도로 종래의 목적대로 사용하는 것이 곤란한 경우

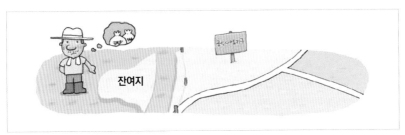

(출처 : 한국토지주택공사)

분묘
철거 소송

대법원 2017다228007 지료 청구 사건 보도자료

대법원(재판장 대법원장 김명〇, 주심 대법관 노정〇)은 2021. 4. 29. 장사법 시행일 이전에 타인의 토지에 분묘를 설치한 다음 20년간 평온·공연하게 그 분묘의 기지를 점유함으로써 분묘기지권을 시효로 취득하였더라도, 분묘기지권자는 토지 소유자가 분묘기지에 관한 지료를 청구하면 그 청구한 날부터의 지료를 지급할 의무가 있다고 보아, 종전의 대법원 판례(대법원 1992. 6. 26. 선고 92다13936 판결 등)를 변경하고, 상고를 기각하였음. 이러한 다수의견에 대해서 대법관 이기〇, 대법관 김재〇, 대법관 이흥〇의 별개의견(3명)과 대법관 안철〇, 대법관 이동〇의 반대의견(2명)이 있음.

1. 사안의 개요

가. 사안의 개요

■ 이 사건 임야에는 1940년 사망한 피고의 조부와 1961년 사망한 피고 부친의 분묘 2기가 설치되어 있고, 피고는 현재까지 위 분묘를 수호·관리하고 있음

■ 원고들은 2014년 이 사건 임야의 일부 지분을 경매로 취득한 다음, 분묘기지에 대한 소유권 취득일 이후의 지료를 피고에게 청구하였음

나. 소송 경과

- 1심(서울중앙지방법원) : 청구 기각
  - 분묘기지권을 시효취득하는 경우 지료를 지급할 필요가 없음
- 원심(서울중앙지방법원) : 항소 일부 인용
  - 분묘기지권을 시효취득하는 경우에도 적어도 토지 소유자가 지료 지급을 청구한 때부터는 지료를 지급할 의무가 있음
- 피고가 상고를 제기함

2. 대법원의 판단

- 다수의견 (8명) : 타인의 토지에 분묘를 설치한 다음 20년간 평온·공연하게 분묘기지를 점유하여 분묘기지권을 시효취득하였더라도, 토지 소유자가 분묘기지에 관한 지료를 청구하면 그 청구한 날부터의 지료를 지급하여야 함 ➡ 상고기각
- 분묘기지권과 같이 관습법으로 인정된 권리의 내용을 확정함에 있어서는, 관습법상 권리의 법적 성질과 이를 인정한 취지, 당사자 사이의 이익형량과 전체 법질서와의 조화를 고려하여 합리적으로 판단하여야 함
- 자신의 의사와 무관하게 성립한 분묘기지권으로 불이익을 감수해야 하는 토지 소유자로 하여금 일정한 범위에서 토지 사용의 대가를 지급받을 수 있도록 함으로써, 당사자의 이해관계를 합리적으로 조정할 필요가 있음
  - 당사자 사이의 약정에 의하지 않고 민법 규정이나 관습법에 의하여 법정지상권이 성립한 경우, 자기 토지에 분묘를 설치한 후 토지를 양도하여 분묘기지권을 취득한 경우, 통행지역권을 시효로 취득한 경우, 모두 토지 소유자에게 대가를 지급하여야 함

- 취득시효형 분묘기지권은 분묘기지권자의 이익을 위해 토지 소유권의 행사를 제약하고, 분묘기지권은 분묘 수호와 봉제사를 계속하는 한 소멸하지 않으므로, 토지 소유자의 소유권 행사가 사실상 영구적으로 제한될 수 있음

- 관습법상 분묘기지권을 인정하는 취지는 분묘 수호와 봉제사를 위해 필요한 범위에서 타인의 토지를 사용하도록 하려는 것일 뿐, 분묘 소유자와 토지 소유자 중 어느 한 편의 이익만을 보호하려는 데 있는 것이 아님

- 따라서 토지 소유자로 하여금 일정한 범위에서 토지 사용의 대가를 지급받을 수 있도록 함으로써, 당사자의 이해관계를 합리적으로 조정할 필요가 있음

■ 분묘기지권의 시효취득에 관한 관습법은 우리 민족의 조상숭배사상과 과거의 산림공유 제도, 매장 중심의 장묘 문화 등 역사적·사회적 배경하에, 분묘를 둘러싸고 장기간 형성된 법률관계를 존중하여 분묘가 존치될 수 있도록 하였음. 분묘기지권자의 지료 지급의무를 판단할 때에도 이러한 취지를 존중하여 토지 소유자의 이해관계와 함께 분묘기지권의 신뢰나 법적 안정성을 조화롭게 보호할 필요가 있음

- 분묘기지권자로 하여금 오래전 분묘를 설치한 시점까지 소급하여 그 이후의 지료를 모두 지급하도록 하면, 분묘기지권 자는 장기간의 지료를 일시에 지급해야 하고 이를 지체하면 분묘기지권 자체가 소멸할 수 있음. 이는 관습법상 분묘기지권의 시효취득을 인정해온 취지에 부합하지 않음

- 분묘기지권은 우리 사회에 고유한 전통과 관습에 근거하여 인정된 것이므로, 권리의 발생, 소멸, 변동에 이르기까지 권리의 내용이 민법상

지상권과 동일하지 않으므로, 지상권에 관한 민법 규정이나 법리를 그
대로 적용하여서도 안 됨

- 민법 제286조 등은 지상권, 전세권, 임대차 등 물건의 계속적 용익관
  계에서 민법의 조리와 신의성실의 원칙을 구현하여 경제 사정의 변동
  으로 지료가 상당하지 않게 되면, 당사자가 증감을 청구할 수 있도록
  정하고 있음. 다만 당사자가 지료 증감을 청구하면, 장래를 향하여 효
  과가 발생하도록 규율함으로써, 기존의 법률관계를 신뢰하여 온 당사
  자의 이익과 법적 안정성을 도모함

■ 분묘기지권의 특수성, 조리와 신의성실의 원칙, 지료증감청구권 등 규정
의 근본적인 취지를 종합하면, 분묘기지권을 시효로 취득한 경우 토지 소
유자가 토지 사용의 대가를 청구하면, 그때부터 지료 지급의무를 부담한
다고 보아야 함

■ 이와 달리, 분묘기지권자의 지료 지급의무가 분묘기지권이 성립함과 동
시에 발생한다는 취지의 대법원 1992. 6. 26. 선고 92다13936 판결과,
분묘기지권자가 지료를 지급할 필요가 없다는 취지로 판단한 대법원
1995. 2. 28. 선고 94다37912 판결 등은 이 판결의 견해에 배치되는 범
위 내에서 이를 모두 변경함

**나. 별개의견(3명) : 분묘기지권을 시효취득한 경우 분묘를 설치한 때부터 토
지 소유자에게 지료를 지급할 의무가 있음 ➡ 상고기각 의견**

■ 헌법상 재산권보장의 원칙, 민법상 소유권의 내용과 효력, 통상적인 거래
관념에 비추어 보면, 우리 법질서에서 스스로를 위하여 타인 소유의 토
지를 사용하는 경우, 당사자 사이에 무상이라는 합의가 존재하는 등의
특별한 사정이 없는 한, 토지 사용의 대가를 지급해야 하는 유상의 사용

관계로 보아야 함

■ 시효로 취득하는 분묘기지권에 대해서는 그와 가장 유사한 법정지상권에 관한 민법 규정을 유추적용하여 지료 지급의무의 발생시점을 판단해야 하고, 추상적인 조리나 신의칙을 근거로 이와 달리 판단해서는 안 됨

■ 다른 사람의 토지에 분묘를 무단으로 설치하면 분묘기지의 점유·사용 기간 동안 부당이득반환의무를 짐. 분묘기지권의 취득시효가 완성되어도 그와 같이 대가 지급 의무를 부담하는 상태에서 시효취득이 이루어지고, 시효취득의 효력이 점유를 개시한 시점으로 소급하기 때문에, 분묘 설치 시부터 지료가 발생한다고 보아야 함

다. 반대의견(2명) : 분묘기지권을 시효취득한 경우 분묘기지권자는 지료를 지급할 의무가 없음 ➡ 파기환송 의견

■ 분묘기지권은 관습법상 물권이므로, 관습에 대한 조사나 확인을 통하여 관습법의 내용을 선언하여야 하고, 법해석을 통해 그 내용을 정하는 것은 타당하지 않음

■ 분묘기지권은 법정지상권과 분명한 차이가 있으므로, 법정지상권에 관한 법리를 분묘기지권에 그대로 적용할 수 없음

■ 분묘기지권의 시효취득을 관습법으로 인정하여 온 배경과 취지에 비추어, 지료의 수수나 청구조차 없이 20년 이상의 장기간 평온·공연하게 분묘기지의 점유가 계속되었다면, 토지 소유자가 묵시적으로 무상의 토지 사용을 용인하였거나, 적어도 분묘기지권자는 그와 같이 알고 분묘기지를 점유해왔다고 보는 것이 자연스러움

■ 그에 따라 분묘기지권자는 시효 기간 동안 계속된 사실관계와 동일한 내용의 권리, 즉 지료 지급의무를 부담하지 않는 분묘기지권을 취득한다고

보아야 함

3. 쟁점의 이해를 위한 배경지식

가. 관습법상 분묘기지권

■ 분묘기지권은 타인의 토지에 설치된 분묘를 소유하기 위하여 그 분묘기
지에 해당하는 토지를 사용하는 권리로서, 성문 민법이 아닌 관습법에
의하여 인정되는 물권임

■ 분묘기지권은 분묘를 수호하고 봉제사하는 목적을 달성하는 데 필요한
범위에서 인정되고, 봉분 등 외부에서 분묘의 존재를 인식할 수 있는 형
태를 갖추고 있으면 등기 없이도 성립함

■ 분묘기지권은 3가지 유형으로 나누어 볼 수 있음

● 승낙형 분묘기지권 : 타인의 토지에 소유자의 승낙을 받아 분묘를 설
치한 경우 성립함

● 양도형 분묘기지권 : 자기의 토지에 분묘를 설치한 사람이 그 토지를
양도하면서 분묘를 이장하겠다는 특약을 하지 않은 경우 성립함

● 취득시효형 분묘기지권 : 타인의 토지에 소유자의 승낙 없이 분묘를
설치한 경우에도 20년간 평온·공연하게 그 분묘의 기지를 점유하면
분묘기지권을 시효로 취득함 ☜ 이 사건에서 문제되는 유형임

나. 장사법 시행 후 취득시효형 분묘기지권 법리의 유효성 인정(대법원 2017. 1. 19. 선고2013다17292전원합의체 판결)

■ 2000. 1. 12. 법률 제6158호로 「매장 및 묘지 등에 관한 법률」을 전부
개정하여 시행된 「장사 등에 관한 법률」은, 그 시행일인 2001. 1. 13. 후

에 '토지 소유자의 승낙 없이 설치한 분묘의 연고자는 토지 소유자 등에게 토지 사용권이나 그 밖에 분묘의 보존을 위한 권리를 주장할 수 없다'고 정함(제23조제3항, 부칙 제2호, 이하 '장사법')

■ 따라서 **장사법 시행일 후**에 토지 소유자의 승낙 없이 설치한 분묘에 대해서는 **분묘기지권의 시효취득을 주장할 수 없음**

■ 그렇다면 장사법 시행일 이전에 설치한 분묘에 관하여도 장사법 시행일 후 분묘기지권의 시효취득이 불가능한지 문제되었는데, 대법원은 **2017년 전원합의체 판결로 분묘기지권의 시효취득이 여전히 법적 규범으로 유지**되고 있음을 확인하였음

■ 이 사건에서는 분묘기지권을 시효취득한 사람이 토지 소유자에게 지료를 지급할 의무가 있는지 문제된 것임

다. 취득시효형 분묘기지권자의 지료 지급의무

■ 취득시효형 분묘기지권자에게 지료 지급의무가 있는지에 관하여는 상충되는 두 선례가 있었음

● 대법원 1992. 6. 26. 선고 92다13936 판결 : 취득시효형 분묘기지권자의 지료 지급의무가 분묘기지권이 성립함과 동시에 발생함

● 대법원 1995. 2. 28. 선고 94다37912 판결 : 취득시효형 분묘기지권자는 지료를 지급할 필요가 없음

■ 대법원은 이번 판결을 통해 취득시효형 분묘기지권자는 토지 소유자가 분묘기지에 관한 지료를 청구하면 그 청구한 날부터 지료를 지급하여야 한다고 판단하여 서로 상충되는 선례를 정리하였음

라. 향후 지료에 관한 법률관계

■ 분묘기지권을 시효취득한 분묘기지권자는 토지 소유자가 재판상 또는

재판 외에서 지료를 청구하면 그때부터 지료를 지급할 의무가 있음

■ 지료의 구체적 액수는 당사자의 협의로 정하거나 당사자의 청구에 따라 법원이 정할 수 있고(민법 제366조 단서), 정해진 지료가 지가 상승 등 경제 사정의 변동으로 상당하지 않게 되면 당사자는 지료 증감을 청구할 수 있음(민법 제286조)

■ 지료 채권에 대해서는 원칙적으로 10년의 소멸시효가 적용됨(민법 제162조제1항)

■ 지료를 2년분 이상 지급하지 않으면 토지 소유자는 분묘기지권의 소멸을 청구할 수 있지만(민법 제287조), 당사자의 협의나 법원의 판결에 의해 분묘기지권에 관한 지료의 액수가 정해지지 않았다면 분묘기지권자가 지료를 지급하지 않았더라도 지료 지급을 지체한 것으로 볼 수는 없어 분묘기지권 소멸 청구는 허용되지 않음(대법원 1994. 12. 2. 선고 93다52297 판결 등 참조)

4. 판결의 의의

■ 분묘기지권은 분묘 수호와 봉제사를 계속하는 한 영구 존속하는데, 분묘기지권이 무상이라고 보면 토지 소유권에 대한 과도한 제한이라는 비판이 있었음. 그에 따라 「장사 등에 관한 법률」 시행 후에는 분묘기지권의 시효취득이 불가능하다고 보아야 한다는 견해가 있었으나, 대법원은 2017년 전원합의체 판결에서 그 관습법의 유효성을 인정하였음

■ **대법원은 이번 판결에서 대가를 지급하지 않고 20년간 평온·공연하게 분묘기지를 점유하여 분묘기지권을 시효취득한 경우에도, 조리나 분묘기지권자의 권리행사에 관한 신의성실의 원칙상 토지 소유자가 지료를**

청구하면 그때부터는 지료를 지급할 의무가 있다고 보았음

■ 이로써 분묘기지권의 시효취득을 인정하여 온 관습법의 취지를 존중하고 분묘의 존속과 법적 안정성을 도모하면서도, 토지 소유자의 일방적 희생을 막고 사유재산권을 존중하는 전체 법질서에 부합하는 해석을 하였음

소　　장

원　고　○○○ (주민등록번호)

　　　　○○시 ○○구 ○○길 ○○ (우편번호 ○○○-○○○)

　　　　전화·휴대폰번호 :

　　　　팩스번호, 전자우편(e-mail)주소 :

피　고　◇◇◇ (주민등록번호)

　　　　○○시 ○○구 ○○길 ○○ (우편번호 ○○○-○○○)

　　　　전화·휴대폰번호 :

　　　　팩스번호, 전자우편(e-mail)주소 :

분묘철거 등 이행청구의 소

청구취지

1. 피고는 원고에게 ○○시 ○○동 산 ○○의 ○ 임야 ○○○㎡ 가운데 별지도면 표시 ㄱ, ㄴ, ㄷ ,ㄹ, ㄱ의 각 점을 차례로 연결한 선내 (가)부분 34㎡ 지상에 설치된 분묘 1기 및 망주석 2개를 철거하고 위 (가)부분 34㎡를 인도하라.
2. 소송비용은 피고의 부담으로 한다.
3. 위 제1항은 가집행 할 수 있다.
라는 판결을 구합니다.

청구원인

1. 원고는 ○○시 ○○동 산 ○○의 ○ 임야 ○○○㎡(다음부터 위 임야라고 함)를 원고의 명의로 소유권이전등기를 마친 소유자이고, 피고는 소외 망 ◆◆◆의 상속인입니다.

2. 그런데 피고는 소외 망 ◆◆◆가 20○○. ○. ○. 사망하자 원고 소유의 위 임야 가운데 별지도면 표시 ㄱ, ㄴ, ㄷ, ㄹ, ㄱ의 각 점을 차례로 연결한 선내 ㈎부분 34㎡ 지상에 소외 망 ◆◆◆의 분묘 1기 및 망주석 2개를 설치하여 불법점유하고 있습니다.

3. 따라서 피고는 원고에게 위 임야 가운데 별지도면 표시 ㄱ, ㄴ, ㄷ, ㄹ, ㄱ의 각 점을 차례로 연결한 선내 ㈎부분 34㎡ 지상에 설치된 분묘 1기 및 망주석 2개를 철거하고, 그 토지를 인도할 의무가 있으므로 원고는 이의 이행을 구하고자 이 사건 청구에 이르렀습니다.

입증방법

1. 갑 제1호증   토지등기부등본
1. 갑 제2호증   임야대장등본
1. 갑 제3호증   분묘 및 망주석사진
1. 갑 제4호증   기본증명서
                 (단, 2007. 12. 31. 이전 사망한 경우 제적등본)
1. 갑 제5호증   가족관계증명서
                 (또는, 상속관계를 확인할 수 있는 제적등본)

첨부서류

1. 위 입증방법   각 1통
1. 소장부본   1통
1. 송달료납부서   1통

20○○. ○. ○.

위 원고 ○○○ (서명 또는 날인)

○○지방법원 ○○지원 귀중

도   면

(○○시 ○○동 산 ○○의 ○ 임야 ○○○㎡)

끝

관할법원	※ 아래(1)참조	소멸시효	○○년(☞소멸시효일람표)
제출부수	소장원본 1부 및 피고 수만큼의 부본 제출		
비 용	• 인지액 : ○○○원(☞산정방법) ※ 아래(2)참조 • 송달료 : ○○○원(☞적용대상사건 및 송달료 예납기준표)		
불복절차 및 기 간	• 항소(민사소송법 제390조) • 판결서가 송달된 날부터 2주 이내(민사소송법 제396조제1항)		
기 타	• 임야의 소유권에 터 잡아 분묘의 철거를 청구하려면 분묘의 설치를 누가 하였건 그 분묘의 관리처분권을 가진 자를 상대로 하여야 하고, 종손이 있는 경우라면 그가 제사를 주재하는 자의 지위를 유지할 수 없는 특별한 사정이 있는 경우를 제외하고는 일반적으로 선조의 분묘를 수호·관리하는 권리는 그 종손에게 있다고 봄이 상당하므로, 종손이 아닌 자가 제사 주재자로서 분묘에 대한 관리처분권을 가지고 있다고 하기 위하여서는 우선 종손에게 제사 주재자의 지위를 유지할 수 없는 특별한 사정이 있음이 인정되어야 함(대법원 1997. 9. 5. 선고 95다51182 판결).		

소   장

원 고   ○○○ (주민등록번호)

　　　　○○시 ○○구 ○○길 ○○ (우편번호 ○○○-○○○)

　　　　전화·휴대폰번호 :

　　　　팩스번호, 전자우편(e-mail)주소 :

피 고   ◇◇◇ (주민등록번호)

　　　　○○시 ○○구 ○○길 ○○ (우편번호 ○○○-○○○)

　　　　전화·휴대폰번호 :

　　　　팩스번호, 전자우편(e-mail)주소 :

분묘기지권 지료청구의 소

청구취지

피고 ○○○ 종중은/ 피고 ◇◇◇는 원고에게 20○○. ○○. ○○.(통지 도 달일)로부터 별지 목록 제1항 기재 부동산 중 별지 도면 표시 1, 2, 3, 4, 5, 1의 각 점을 순차로 연결한 선내 ○○○제곱미터의 점유 종료일까지 월 ○00,000(산정 지료)의 비율로 계산한 돈을 지급하라.

2. 소송비용은 피고가 부담한다.

3. 제1항은 가집행할 수 있다.
라는 판결을 구합니다.

청구원인

1 . 피고 ◆◆◆에 대한 지료 청구

원고는 별지 목록 제1항 기재 부동산의 소유자입니다. 피고 ◆◆◆는 19○○. 1. 1. 별지 목록 제1항 기재 토지 중 별지 도면 표시 1, 2, 3, 4, 5, 1의 각 점을 순차로 연결한 선내 ○○○제곱미터(이하 '이 사건 점유 부분'이라 합니다)에 분묘 및 그 부속시설 등을 설치하고 이를 20년간 점유하여 20○○. ○○. ○○. 분묘기지권을 시효취득한 이래 현재까지도 계속 이를 점유하고 있는 바, 원고에게 원고의 지료 청구일부터 피고 ◆◆◆의 이 사건 점유 부분에 대한 점유종료일까지의 지료를 지급할 의무가 있습니다. 한편, 원고는 20○○. ○○. ○○. 피고 ◆◆◆에게 지료를 청구하는 내용의 통지서를 송부하여 위 통지서가 20○○.○○. ○○. 피고 XXX에게 두달하였고, 이 사건 점유 부분에 대한 임료 상당액은 20○○. 10. 28. 무렵 월 ○00,000원이고, 향후에도 동일할 것으로 예상되며, 피고 ○○○가 원고에 대한 지료 지급을 거절하고 있는 이상 이를 미리 청구할 필요도 인정됩니다.

따라서 피고 ◆◆◆는 원고에게 원고의 지료청구 도달일인 24○○. ○○. ○○.부터 피고 ◆◆◆의 이 사건 점유 부분에 대한 점유종료일까지 월 ○00,000원의 비율로 계산한 지료를 지급할 의무가 있습니다.

입증방법

1. 갑 제1호증   토지등기부등본
1. 갑 제2호증   임야대장등본
1. 갑 제3호증   분묘 및 망주석사진
1. 갑 제4호증   기본증명서

(단, 2007. 12. 31. 이전 사망한 경우 제적등본)

1. 갑 제5호증   가족관계증명서

(또는, 상속관계를 확인할 수 있는 제적등본)

첨 부서류

1. 위 입증방법   각 1통
1. 소장부본   1통
1. 송달료납부서   1통

20○○. ○. ○.

위 원고   ○○○ (서명 또는 날인)

○○지방법원 ○○지원 귀중

에필로그

나는 계약이 종료되면서 어쩔 수 없이 다니던 직장에서 퇴사해야만 했다. 같은 업종의 다른 회사로 이직할 수는 있었지만, 당장 주어지는 월급 때문에 미래가 보이지 않는 회사를 억지로 다니기는 싫었다. 그보다는 스스로 삶을 개척하고 싶었다. 마침, 계약 종료 8년 전부터 꾸준히 부동산 공부를 하고 있던 차라 미련 없이 퇴사와 동시에 전업 투자자로서의 제2의 삶을 살게 됐다. 만약 내가 단순 계약직이 아니라 정규직, 하다못해 무기 계약직이라도 됐다면 아직도 회사에 출근하고 있을 것이다. 이제 와 생각해보건대 전업 투자자가 되기로 한 것은 나와 가족에게 아주 잘한 일이었다.

내 인생이 이렇게 바뀔 줄은 꿈에도 몰랐다. 공부에 좀처럼 흥미가 없던 나였기에 처음 부동산 공부를 할 때는 여간 어려운 것이 아니었다. 법률이 어쩌고저쩌고하는 것이 한글이지만 한글이 아닌 듯했다. 무슨 말인지 도무지 이해할 수 없는 것도 많았고, 법률 해석도 너무 어려웠다. 할 수 없이 지자체 담당자에게 꼬치꼬치 캐물을 수밖에 없었는데, 그게 많이 도움이 됐다. 그렇게 하나씩 알게 된 것을 블로그에 올린 것뿐인데 이제는 사람들이 내게 문의해올 정도가 됐다. 생활수준도 직장을 다니던 이전과는 비교도 안 되게 좋아졌다. 출퇴근하지 않으니, 과민

성대장증후군도 사라졌고, 언제든 일하고 싶을 때 일하고 쉬고 싶을 때 쉴 수 있으니, 가족과 함께할 수 있는 시간도 많고 마음에 여유가 생겼다. 아직 내로라하는 부자는 아니지만 경제적인 수준도 이전에 비하면 만족할 정도로 좋아졌다. 이는 현재진행형으로 머지않아 원하는 목표에도 도달할 수 있으리라고 생각한다. 독자 여러분도 시간적, 경제적 자유를 원하기 때문에 이 책을 선택했을 것이다. 공고 출신에 계약직이던 나도 해냈으니 충분히 잘 해낼 수 있다고, 꼭 반드시 그리될 것이라고 말해주고 싶다.

"토통령님, 강의는 안 하세요? 강의하면 꼭 듣고 싶어요."

댓글로 블로그 이웃들의 강의 요청을 많이 받는다. "죄송하지만 강의는 하지 않습니다"라고 정중히 답변드린다. 그만큼 내가 하는 토지 투자에 관심 있어 하는 사람이 많다는 뜻이지만, 그 말은 곧 내가 신경 써야 하는 일이 더 많아진다는 의미이기도 하다. 성격상 하나라도 더 알려주려고 애를 쓰고, 혹시 못 알아들으면 어쩌나, 원하는 만큼 못 알려주면 어쩌나 걱정하게 될 것이다. 당연히 예민한 성격에 강의를 앞두고 밤잠도 설칠 것이 뻔하다. 강의 요청은 무척이나 감사한 일이지만, 시간적으로나 체력적으로나 여러 가지 이유로 앞으로도 딱히 강의할 마음은 없다. 그래서 책을 내게 됐다. 나의 도움이 필요한 분들께 강의를 대신하는 의미로 말이다.

원래 책도 출간할 생각이 없다가 출판사 대표님의 제안이 있은 지 2년이 지나 첫 책을 출간했다. 아는 지인 몇몇과 조용히 투자만 하는 것이 편하기 때문이다. 와이프는 인세보다 훨씬 단가도 좋고 돈도 많이 벌 수 있다며 차라리 전자책을 내라고 권했지만, 돈을 벌 요량으로 책을 쓰는 것이 아니어서 그러지 않았다. 강의도 마찬가지다. 강의나 코칭을 하면 돈은 더 많이 벌 수 있으나 나는 투자자로 살고 싶지, 강연자로 살고 싶지는 않다. 그만큼 책에 정성을 쏟았으니 전작 《토통령의 답이 정해져 있는 땅》과 이번 책을 잘 연구해 내 것으로 완전히 소화할 수 있다면, 웬만큼 비싼 강의 못지않게 얻는 것이 더 많을 것이다.

(강의를 해야 책이 많이 팔릴 텐데 그러지 않아서 죄송하면서도 두 번이나 책을 출간해주신 출판사 한성주 대표님께 감사의 말씀을 전합니다.)

경매·공매
디테일로 승부하라!

제1판 1쇄 2024년 11월 5일

지은이 손정욱
펴낸이 한성주
펴낸곳 ㈜두드림미디어
책임편집 손아름, 배성분
디자인 김진나(nah1052@naver.com)

㈜두드림미디어
등 록 2015년 3월 25일(제2022-000009호)
주 소 서울시 강서구 공항대로 219, 620호, 621호
전 화 02)333-3577
팩 스 02)6455-3477
이메일 dodreamedia@naver.com(원고 투고 및 출판 관련 문의)
카 페 https://cafe.naver.com/dodreamedia

ISBN 979-11-94223-27-6 (03320)